O coordenador pedagógico e as relações solidárias na escola

Leitura indicada

A autoestima do professor, F. Voli
O coordenador pedagógico e a educação continuada, VV.AA.
O coordenador pedagógico e a formação centrada na escola, VV.AA.
O coordenador pedagógico e a formação docente, VV.AA.
O coordenador pedagógico e a legitimidade de sua atuação, VV.AA.
O coordenador pedagógico e o atendimento à diversidade, VV.AA.
O coordenador pedagógico e o cotidiano da escola, VV.AA.
O coordenador pedagógico e o espaço da mudança, VV.AA.
O coordenador pedagógico e o trabalho colaborativo na escola, VV.AA.
O coordenador pedagógico e os desafios da educação, VV.AA.
O coordenador pedagógico e questões da contemporaneidade, VV.AA.
O coordenador pedagógico e questões emergentes na escola, VV.AA.
O coordenador pedagógico e seus percursos formativos, VV.AA.
O coordenador pedagógico no espaço escolar: articulador, formador e transformador, VV.AA.
O coordenador pedagógico: provocações e possibilidades de atuação, VV.AA.
Entre a ciência e a sapiência: o dilema da educação, R. Alves
Psicologia para professores, D. Fontana

O coordenador pedagógico e as relações solidárias na escola

Laurinda Ramalho de Almeida
Vera Maria Nigro de Souza Placco
ORGANIZADORAS

Andreia Cristiane de Oliveira
Antonio Carlos Caruso Ronca
Carlos Luiz Gonçalves
Cristiane Nobre Nunes
Ecleide Cunico Furlanetto
Jeanny Meiry Sombra Silva
Laurinda Ramalho de Almeida
Lívia Gonçalves de Oliveira
Nádia de Araújo Luciani Leite de Moraes
Otília Maria Alves da Nóbrega Alberto Dantas
Rodnei Pereira
Simone Albuquerque da Rocha
Simone Pannocchia Tahan
Vera Lucia Trevisan de Souza
Vera Maria Nigro de Souza Placco

Edições Loyola

Dados Internacionais de Catalogação na Publicação (CIP)
(Câmara Brasileira do Livro, SP, Brasil)

O Coordenador pedagógico e as relações solidárias na escola / organização Laurinda Ramalho de Almeida, Vera Maria Nigro de Souza Placco. -- 1. ed. -- São Paulo : Edições Loyola, 2021. -- (Trabalho pedagógico ; 15)

Vários autores.
Bibliografia.
ISBN 978-65-5504-075-3

1. Aprendizagem 2. Escolas 3. Coordenadores pedagógicos 4. Educação - Finalidades e objetivos 5. Educação básica 6. Formação continuada 7. Prática pedagógica 8. Professores - Formação I. Almeida, Laurinda Ramalho de. II. Placco, Vera Maria Nigro de Souza. III. Série.

21-62122   CDD-370.71

Índices para catálogo sistemático:

1. Coordenação pedagógica : Educação   370.71
2. Coordenadores pedagógicos : Educação   370.71

Maria Alice Ferreira - Bibliotecária - CRB-8/7964

Conselho Editorial:
Emília Freitas de Lima
Idméa Semeghini Próspero Machado de Siqueira
Laurinda Ramalho de Almeida
Magali Aparecida Silvestre
Melania Moroz
Vera Lucia Trevisan de Souza
Vera Maria Nigro de Souza Placco

Capa: Maria Clara R. Oliveira
Diagramação: Sowai Tam

A revisão do texto desta obra é de
total responsabilidade de seus autores.

Edições Loyola Jesuítas
Rua 1822, 341 – Ipiranga
04216-000 São Paulo, SP
T 55 11 3385 8500/8501 • 2063 4275
editorial@loyola.com.br
vendas@loyola.com.br
www.loyola.com.br

Todos os direitos reservados. Nenhuma parte desta obra pode ser reproduzida ou transmitida por qualquer forma e/ou quaisquer meios (eletrônico ou mecânico, incluindo fotocópia e gravação) ou arquivada em qualquer sistema ou banco de dados sem permissão escrita da Editora.

ISBN 978-65-5504-075-3

© EDIÇÕES LOYOLA, São Paulo, Brasil, 2021

Sumário

Apresentação 7

Solidariedade e aprendizagem: sintonia necessária 9
Antonio Carlos Caruso Ronca
Carlos Luiz Gonçalves

Por entre palavras, silêncios, alegrias, lágrimas e olhares
acontecem as relações solidárias! 31
Ecleide Cunico Furlanetto
Cristiane Nobre Nunes

Estratégias formativas que privilegiam as
relações solidárias da escola 45
Jeanny Meiry Sombra Silva
Laurinda Ramalho de Almeida

Ritos de passagem de professor iniciante a coordenador
pedagógico: alteridade e solidariedade 65
Andreia Cristiane de Oliveira
Simone Albuquerque da Rocha

O coordenador pedagógico e sua constituição profissional:
marcas deixadas pelas relações vividas 83
Simone Pannocchia Tahan
Vera Maria Nigro de Souza Placco

Escola: seus recursos, jeitos e formas para cuidar do aluno 101
Nádia de Araújo Luciani Leite de Moraes
Antonio Carlos Caruso Ronca

Conversando sobre relações interpessoais no contexto escolar 121
Laurinda Ramalho de Almeida

Sobre a ação reflexiva do CP: a formação como movimento
de construção colaborativa 133
    Vera Lucia Trevisan de Souza
    Vera Maria Nigro de Souza Placco

O coordenador pedagógico: contradições legais e possibilidades 145
    Lívia Gonçalves de Oliveira
    Otília Maria Alves da Nóbrega Alberto Dantas

Revisitando a coleção "Coordenador pedagógico"
vinte anos depois: temas e tendências 165
    Rodnei Pereira

Apresentação

O 15º volume da coleção "Coordenador pedagógico", a qual teve início em 1998, já é, segundo informações que nos chegam de diferentes lugares do Brasil, referência para o trabalho de coordenadores pedagógicos, gestores da educação e professores de licenciatura, o que nos levou a solicitar que nossos parceiros pesquisadores continuassem a contribuir para aprimorar nossa coleção.

Consideramos importante lembrar que esse 15º volume foi gestado em 2019, e já naquele ano, quando não tínhamos ideia de que um vírus desconhecido iria nos assombrar e exigir que todos nos uníssemos para garantir nossa humanidade, num tempo real de dores e impotências, demos a esse 15º volume o título de Relações Solidárias Na Escola.

Não podíamos prever que, sem ações solidárias, não resistiríamos a mudanças tão bruscas e sombrias em nosso mundo. Mas, tínhamos clareza do papel que a escola precisa assumir frente às desigualdades sociais que nos assolam de há muito e que o conhecimento continua sendo a moeda que fornecerá o avanço para um futuro mais promissor para todos. A escola, mais do que nunca, tem que oferecer aos alunos essa moeda, mas tem que fazê-lo, oferecendo, em uma face, o conhecimento e, na outra, a convivência solidária e ética.

Sem assumir esse duplo papel, especialmente, neste momento da sociedade, a escola continuará sendo socialmente injusta e mantendo a maioria de nossas crianças e jovens afastados de seus legítimos direitos ao acesso ao conhecimento, aos bens culturais da sociedade e à cidadania que lhes permita sonhar com um mundo onde sejam valorizados e respeitados.

Nessa escola, os coordenadores pedagógicos e gestores têm um papel fundamental, qual seja, o de gerir o conhecimento e as relações solidárias, formando e transformando os educadores responsáveis pela educação e aprendizagem dessas crianças e jovens.

São Paulo, agosto de 2020.

Laurinda Ramalho de Almeida
Vera Maria Nigro de Souza Placco
(organizadoras)

Solidariedade e aprendizagem: sintonia necessária

Antonio Carlos Caruso Ronca[1]
(accronca@gmail.com)

Carlos Luiz Gonçalves[2]
(carlosluizgoncalves2@gmail.com)

> *E isso, hoje, significa desejar que as estruturas gestoras imprimam ao seu desempenho* **suficiente perspicácia** *para não sucumbir à inércia aparentemente atarefada da burocracia;* **suficiente firmeza** *para não ceder às armadilhas de quaisquer autoritarismos;* **suficiente audácia** *para encorajar acertos novos.*
>
> (Salma Tannus Muchail)

Refletir sobre SOLIDARIEDADE nas relações existentes em uma escola é um movimento necessário na atualidade.

No Brasil de hoje, estamos vivendo um tempo de grandes desafios e intensa perplexidade diante das inúmeras demandas que os participantes das escolas de educação básica precisam enfrentar. Sejam públicas ou particulares, as instituições estão diante de questões difíceis de superar, se os envolvidos desejarem seriamente alcançar níveis de excelência na escolarização das crianças, jovens e adultos.

O conhecimento e a análise da realidade social mais ampla, na qual estão inseridas as escolas, pode ser um primeiro passo im

---

1. Professor Doutor, pelo Programa de Estudos Pós-graduados em Psicologia da Educação da Pontifícia Universidade Católica de São Paulo.
2. Professor Doutor, pelo Programa de Estudos Pós-graduados em Psicologia da Educação da Pontifícia Universidade Católica de São Paulo.

portante. Sem pretender esgotar a listagem, podem ser apontados alguns elementos a considerar nesse diagnóstico da realidade:
— As condições de sobrevivência de grande maioria da população brasileira exigem dedicação ao trabalho quase como uma atividade única, contribuindo para gerar individualismo e dificuldade de considerar as necessidades e interesses de outras pessoas, no convívio quotidiano;
— As flagrantes desigualdades sociais presentes intensamente na sociedade brasileira provocam aguda queda na qualidade de vida dos cidadãos e afetam as condições de estrutura e funcionamento das escolas;
— O uso cada vez maior da tecnologia cibernética gera implicações nas relações humanas. As redes interligadas de informações e dados afetam inclusive a própria estrutura da sociedade, dos órgãos governamentais, das organizações econômicas, das famílias;
— As precárias políticas públicas provocam sentimentos generalizados de incertezas, medos e intranquilidade frente ao desemprego e às péssimas condições de saúde, segurança, habitação, moradia da população;
— A expressiva maioria das políticas governamentais não priorizam a educação escolar, acarretando inúmeros problemas para educadores e alunos;
— Os conflitos e desentendimentos suscitados pelas mudanças na constituição e funcionamento das famílias interferem profundamente na atuação das escolas, especialmente em relação aos valores que constituem a base para a educação de crianças e jovens;
— As falhas existentes no desempenho dos educadores, oriundas das deficiências na respectiva formação inicial e continuada, ampliam o leque de obstáculos para o alcance de melhores níveis de qualidade educacional no país;
— As mudanças curriculares com a implantação da Base Nacional Comum Curricular estão provocando muitos embaraços no quotidiano escolar devido às deficiências dos recursos

necessários na maior parte dos sistemas de ensino e nas escolas.

A superação desses e outros entraves constitui requisito indispensável para uma educação escolar com qualidade — uma educação que promova aprendizagem significativa dos conteúdos curriculares, a construção de competências e habilidades e a progressiva inserção dos alunos na vida cidadã.

Para atingir tal meta, a implantação e/ou o aperfeiçoamento da gestão democrática, prevista na Constituição Brasileira de 1988 (art. 202, inciso VI), é uma das mais potentes ferramentas. Ou seja, quando os poderes de gestão permanecem exclusivamente nas mãos de diretores, coordenadores, orientadores, supervisores, o alcance desses resultados tem sido dificultado ou até impedido.

Esse modelo de gestão implica necessariamente no aumento progressivo da participação de professores, alunos, funcionários, pais e comunidade nos processos de tomada de decisões, de execução das atividades e de monitoramento e avaliação dos planos de trabalho.

Diversos estudos e relatos de experiências apontam para essa direção. Paro reforça a importante e necessária simetria entre o trabalho pedagógico e a gestão escolar:

> Como vimos, o processo de trabalho pedagógico, por ser uma relação entre sujeitos que se afirmam como tais, é uma relação necessariamente democrática e assim deve ser tratada em sua concepção e execução. Em igual medida, a coordenação do esforço humano coletivo não admite formas que não sejam de afirmação da subjetividade dos envolvidos, portanto, também democráticas. (PARO, 2010, p. 776)

Passador e Salvetti, por sua vez, partem da contradição hoje existente na atuação do diretor da escola e realçam a participação de todos os atores escolares na construção da autonomia da escola.

> O que se tem hoje é um sistema hierárquico que, em tese, concentra todo o poder nas mãos do diretor, gerando, porém, uma contradição: o diretor supostamente possui direito e autonomia

11

para comandar, mas, de fato, por sua condição de responsável último pelo cumprimento legal, acaba por exercer muito mais esta função que a de gestor escolar, em suas atribuições administrativas e pedagógicas.

Esse estado de falta de autonomia do diretor é um reflexo da situação de pouca autonomia da própria escola, e somente na medida em que se conseguir a participação de todos os setores envolvidos com a escola (professores, alunos, pais, funcionários e comunidade), atribuindo-lhes poder de decisão sobre os objetivos e o funcionamento desta, é que haverá condições para pressionar os escalões superiores, sendo esta a única forma crível a conquistar recursos satisfatórios e autonomia para a escola. (PASSADOR; SALVETTI, 2013, p. 481)

Brito, Cunha e Siveres relatam pesquisa em torno da questão: a sustentabilidade socioambiental como um desafio educativo no cotidiano de quatro escolas da rede pública de ensino, mais especificamente, da cidade de Sobral, no Estado do Ceará. A pesquisa foi a base da tese de doutorado do primeiro autor.

A gestão participativa deu significativo suporte para o desenvolvimento do projeto de educação socioambiental, como mostram os autores:

> Concepção de Gestão Participativa [...] compreendeu-se que o núcleo de sentido que emergiu foi algo que remeteu à ideia de totalidade, de reunião e de união plena que, se não traduzir aquela realidade na mesma intensidade, pelo menos está estabelecida como um desejo coletivo latente.
>
> Esse desejo, se identificado, reconhecido e expressamente verbalizado pelo e entre o grupo, pode se transmutar em uma meta e, gradativamente, tornar-se um desafio conjunto que "todo mundo", naquelas escolas, buscará superar com igual empenho. (BRITO; CUNHA; SIVERES, 2018, p. 404)

A pesquisa acima referida indicou, ainda, as parcerias e a convivência harmoniosa como elementos centrais na gestão participativa em funcionamento nas escolas envolvidas:

Qualificação de parcerias: uma exigência para o sucesso dos projetos escolares. Da união de esforços resulta a qualificação de parceria. Esse indicador requer e remete à articulação intensa na busca de melhores resultados para os projetos escolares criados. Articulação sem gestão participativa inexiste. E, muitas vezes, e conforme aspectos que surgiram em diferentes relatos dos participantes, nem a gestão participativa lograria êxito sem as parcerias. Convivência harmoniosa: fator de proximidade. A percepção de harmonia emergiu, numa ordem natural de posterioridade, da ideia de envolvimento com o entorno.

Conviver pressupõe "viver com" e em harmonia. Ninguém se envolve deliberadamente com o que suscita conflito, desarmonia. A tendência primeira é de se afastar, se isolar daquilo que faz mal em vez de bem. Distanciamento e isolamento não foram elementos presentes naquelas quatro comunidades. Apesar das imperfeições de qualquer relação dessa amplitude — escola e comunidade —, a harmonia pareceu ser algo bastante presente. (BRITO; CUNHA; SIVERES, 2018, p. 406-407)

1. Bases da gestão democrática

A gestão democrática repousa necessariamente em duas bases.

A primeira é a **participação** dos envolvidos na instituição, de tal sorte que as decisões e ações reflitam entendimentos comuns sobre os problemas, na medida em que todos reconhecem nelas a sua parcela de contribuição.

A participação é, na verdade, um conjunto de valores, comportamentos e habilidades a ser aprendido e/ou reforçado continuamente. Levando em conta que os diferentes e, por vezes, conflitantes interesses dos grupos envolvidos exigem cuidadoso estudo dos limites a serem respeitados por todos nos processos de decisão, execução e avaliação das atividades.

Brito, Cunha e Siveres, na pesquisa citada acima, chamam nossa atenção para a relevância da convivência — base para a participação.

> [...] foi construída uma concepção nova de convivência entre os envolvidos. Trata-se de uma convivência que "se importa", ou seja, uma compreensão de que aquele que está ao meu redor é parte intrínseca de mim, desde que faça parte do meu espaço de convivência, mesmo que isso não implique proximidade física ou geográfica.
> Existe um brilho diferente quando a vida abarca a presença do outro e a sensação de realidade construída por todos reforça a certeza de que não estão sozinhos ou isolados no mundo, mas que a responsabilidade e o comprometimento com as outras pessoas e com o ambiente garantem a segurança de todos, mas também de cada um.
> Entende-se que as comunidades escolares estudadas experimentaram ricas vivências, que poderiam ser mais frequentes para a construção de uma solidariedade forte e duradoura entre os membros da escola e das famílias. (BRITO; CUNHA; SIVERES, 2018, pp. 408-409)

A participação de cada segmento na gestão democrática é parametrizada por dois fatores. De um lado, há limites definidos pela posição ocupada pela pessoa na estrutura da escola. Por exemplo, há decisões que cabem exclusivamente aos professores, os quais devem ouvir as sugestões e considerar os interesses dos demais membros da escola, mas são os professores que devem assumi-las e por elas serem responsáveis.

De outro lado, é preciso levar em conta o efetivo funcionamento da organização escolar. O movimento de ampliar a participação de todos que provoque paralisias ou deficiências nas atividades da escola acarreta indiscutível desvio do objetivo máximo da participação, qual seja: criar e manter as melhores condições possíveis para que a escola alcance e amplie o nível de qualidade da educação oferecida aos seus alunos, suas famílias e a comunidade.

A segunda base da gestão democrática é o **trabalho coletivo**. A integração dos esforços individuais visando alcançar metas estabelecidas em comum acordo é a essência deste conceito. Como anuncia Gonçalves:

Edgar Morin (1996) auxilia nessa empreitada, ao apresentar sua noção de sujeito: "É uma realidade que compreende um entrelaçamento de múltiplos componentes". Essa proposição de **ENTRELAÇAMENTO DE MÚLTIPLOS COMPONENTES** constitui a pedra angular do conceito. Metaforicamente, assemelha-se ao conceito de ponto na Física. Não mais um lugar no espaço, mas um entrecruzamento de múltiplos vetores, de sorte que qualquer mudança de direção ou de força em um dos vetores pode deslocar ou movimentar o ponto, sem desmanchá-lo, todavia. Não existe um momento no qual TODOS os vetores se modificam simultaneamente. Portanto, há a "salvaguarda" do ponto. Mas, ao mesmo tempo, não há possibilidade de um vetor ser modificado sem causar "repercussões" nos demais vetores e, consequentemente, no ponto. (GONÇALVES, 2007, p. 39)

O trabalho coletivo pode concretizar o acolhimento dos múltiplos e diversos interesses presentes na comunidade escolar e canalizar os esforços individuais na direção preconizada pela coletividade.

Para que isso se torne realidade, a gestão participativa depende integralmente da constituição e permanente revisão de amplo acordo entre todos os participantes, preservado o papel de cada segmento e o pleno funcionamento da instituição.

2. A solidariedade — alicerce da gestão democrática

A solidariedade é um dos valores que embasam as práticas democráticas de gestão. Como tal, requer decisões e ações que a tornem realidade para não se transformar em mera palavra vazia de significado.

Tecer os acordos entre todos os participantes, uma medida fundante da gestão participativa, implica no estabelecimento de parcerias, entendidas como um conjunto de comportamentos concretizantes da solidariedade.

As parcerias reforçam as posições dos integrantes da escola porque contribuem com a identificação dos interesses comuns e, em torno deles, a celebração de pactos de ação conjunta. Auxiliam ainda no respeito aos interesses de cada segmento, atitude que facilita diálogos e trocas. Esse movimento enseja a ampliação da empatia entre os parceiros e o sucesso das ações, em geral, facilita a ampliação do que é comum entre os interesses individuais ou de segmentos. Há casos em que até atenuam ou eliminam algumas diferenças entre os participantes.

Para ilustrar essas ideias, vamos contemplar um exemplo: os professores, de modo geral, desejam que seus alunos aprendam os conteúdos curriculares apresentados nas aulas. Os pais também têm essa aspiração. Está configurado aí um **interesse comum** de professores e pais.

Há professores cujo desejo é motivado pela melhoria da sua imagem profissional na comunidade docente. Já o anseio dos pais é originado pela convicção de que resultados satisfatórios de aprendizagem ajudarão seus filhos no futuro. Essa é uma **diferença** entre professores e pais.

Diante da identificação do que é comum a ambos e do que é diferente, é viável que os participantes firmem um pacto no qual professores e esforçarão para ministrar aulas estimulantes e selecionarão materiais didáticos de bom nível. E os pais, por sua vez, se comprometerão a acompanhar as lições de casa e os estimularão seus filhos a cuidar do material didático.

De acordo com o dicionário, a solidariedade é definida como "[...] estado ou situação de um grupo que resulta do compartilhamento de atitudes e sentimentos, tornando o grupo uma unidade mais coesa e sólida, com a capacidade de resistir às pressões externas". (www.michaelis.uol.com.br — Acesso em 11/03/2020.)

A premissa subjacente ao conceito acima é a ideia de que a gestão democrática é uma relação entre pessoas que, concomitantemente, são SUJEITOS e OBJETOS das decisões e ações cotidianas na escola.

SUJEITOS porque são protagonistas na organização institucional. Quer seja considerado ou não esse protagonismo pelos demais participantes, é real a sua existência. A gestão participativa reconhece essa realidade e possibilita seu exercício de forma organizada, respeitando o alcance do objetivo central da escola: educação escolar de qualidade para todos os alunos.

OBJETOS porque cada pessoa é afetada de alguma forma pelas decisões e ações dos outros. A gestão participativa permite que as relações sejam direcionadas pelo respeito às diferenças de interesses dos segmentos e, ao mesmo tempo, por aqueles que são da instituição como um todo. A conciliação entre especificidades de setores da escola e os aspectos gerais compõe uma diretriz de trabalho da Coordenação Pedagógica voltada para imprimir a solidariedade como marca essencial nas relações interpessoais.

3. As contribuições da coordenação pedagógica

A Coordenação Pedagógica pode contribuir fortemente nessa importante tarefa. Além das funções mais conhecidas, esse profissional pode articular a elaboração, execução e avaliação de planos voltados para a aprendizagem de valores, comportamentos e habilidades necessárias ao incremento da participação de todos os demais atores sociais da escola.

Aproveitando as situações do quotidiano que propiciam muitas reflexões, a Coordenação Pedagógica incentiva troca de ideias e experiências nos horários de reuniões. Ser professor é estar em contínuo processo de formação e os momentos coletivos podem contribuir significativamente para isso.

Essa contribuição é um dos caminhos para incentivar e aprimorar as relações solidárias na escola. Solidariedade lembra algo sólido, robusto, estável, duradouro nas relações interpessoais. Evidentemente, essa tarefa terá muito mais chances de alcançar os resultados, se for desenvolvida em parceria com os demais dirigentes da escola — direção, orientação, supervisão.

Quais seriam essas aprendizagens? A resposta é necessariamente complexa, mas alguns caminhos são indicados a seguir.

Aprendizagens dos professores

Inegavelmente, este é o segmento que pode ser forte aliado na implantação progressiva da gestão escolar democrática, se devidamente motivado e comprometido; nesse caso, os docentes transformam-se em incentivadores privilegiados das práticas participativas por sua proximidade com os alunos e com os pais.

A inserção dos professores em um movimento de introdução e disseminação da gestão participativa depende, entretanto, de aprendizagens que não constam do currículo de grande parte dos cursos de formação inicial para a docência no Brasil. Nessa medida, adquirir conhecimentos e assumir práticas relativas a este tema é um encargo quase que exclusivo das escolas, mediante processos de formação continuada.

Listar TODAS essas aprendizagens é uma tarefa impraticável. Porque necessariamente há um conjunto de conhecimentos e práticas que dependem inteiramente da situação específica de cada instituição de educação básica. Em função disso, vamos apontar algumas aprendizagens mais gerais.

A primeira está focada na identificação, reconhecimento e expressão dos **interesses específicos** dos educadores docentes e as diferenças destes em relação aos interesses dos outros segmentos da escola, do sistema de ensino em geral e da comunidade. A própria essência dessa atitude mostra que é resultante de um movimento coletivo. E, em consequência, permite que cada professor supere a dimensão de um ente isolado na comunidade escolar. O individualismo, tão fortemente presente em grande parte das relações sociais na atualidade, passa a ser um estágio de desenvolvimento humano a ultrapassar.

Na medida em que esta aprendizagem se fortalece, outras conquistas são viabilizadas. Aprender a construir **decisões coletivas** seguramente é uma delas, pois elas nascem da expressão das próprias ideias e proposições, ao mesmo tempo em que haja abertura para ouvir as dos demais participantes do processo decisório. E nesse diálogo, a busca insistente dos aspectos comuns, os quais são a base para pactuar acordos direcionadores das ações coletivas. Como vimos acima, esta é a efetivação prática do valor "solidariedade".

Construir consensos é um passo essencial, mas não suficiente. **Atuar em acordo com eles** é o complemento necessário. Em caso contrário, repetiríamos nas escolas uma situação bastante comum em tantas outras instituições brasileiras: resoluções brilhantes, mas com pouca ou nenhuma consequência nas ações das pessoas envolvidas. Sabemos que a coerência entre decisões e ações é um dos pré-requisitos vitais de qualquer gestão bem-sucedida.

Outra aprendizagem indispensável dos professores engajados em um movimento de gestão escolar participativa consiste em propor **modificações das decisões coletivas** junto aos espaços organizacionais apropriados e legítimos, mas respeitá-las enquanto estiverem em vigor. É muito possível que os docentes discordem de deliberações legitimamente estabelecidas nos órgãos colegiados da escola.

Tal divergência, entretanto, não justifica atitudes de desrespeito ou, o que é pior, de sabotagem; nessa situação, mais do que especificamente atingir esta ou aquela decisão, estará sendo minado o próprio paradigma da gestão. E, em decorrência, as possibilidades de respeito e reforço da solidariedade como valor capital da participação.

Em termos práticos, qualquer divergência em relação às decisões coletivas precisa ser seriamente considerada pelos demais participantes nas instâncias adequadas da organização escolar.

A Coordenação Pedagógica encontrará, na escola em que atua, os indispensáveis complementos de aprendizagens a serem propostos aos seus professores para consolidar os processos de gestão participativa.

É relevante assinalar aqui a contribuição de Mizukami nesta questão:

> Para que os professores aprendam novas formas de ensinar, precisam trabalhar com os pares [...] de forma a aprender com os sucessos, os fracassos, os erros e as falhas e a partilhar ideias e conhecimentos. Necessitam, também, de apoio e assessoria de um diretor que compreenda as necessidades colocadas pelas políticas públicas em relação ao papel de professor e às necessidades de mudanças de práticas pedagógicas. (MIZUKAMI, 2002, p. 72)

Aprendizagens dos gestores

Este é o segmento no qual estão inseridos os profissionais da Coordenação Pedagógica. Portanto, vamos focar em aprendizagens que esses educadores precisam assumir e, ao mesmo tempo, auxiliar seus colegas gestores a efetivarem também. Desde pronto, destacamos essa dupla característica: é um movimento de auto e hetero aprendizagens concomitantes. Esse realce, por si só, impõe especificidades para a atuação de coordenadores.

Mas há outro aspecto igualmente relevante que precisa ser evidenciado. Ao aderir a projetos de gestão escolar democrática, alerta Gonçalves:

> [...] educadores gestores, tradicionalmente incumbidos de atuar sozinhos na gestão da escola, perdem parcelas de seu poder na organização. Essa perda não ocorre sem sequelas para o sujeito, para sua subjetividade, interferindo em seu equilíbrio emocional e pondo em xeque suas convicções, seus conhecimentos e suas experiências anteriores. (GONÇALVES, 2007, p. 38)

O autor continua a reflexão quando afirma que

> [...] por outro lado, nesse mesmo contexto, para os docentes, o fenômeno pode ser inverso. Passam a assumir parcelas de poder a eles vedadas no paradigma da gestão não participativa. Essa ampliação também introduz mudanças significativas no âmbito da subjetividade desses atores da escola. Exemplificando: decisões criticadas pelos professores quando tomadas exclusivamente pela direção da escola transformam-se em preocupações e compromissos para eles, ao serem assumidas pelo grupo de docentes. Alguns acabam reconhecendo (dolorosamente, às vezes) a inconsistência de suas críticas anteriores. (GONÇALVES, 2007, p. 39)

É oportuno lembrar que os demais integrantes da escola — funcionários, alunos, pais — podem ser igualmente incluídos nesse raciocínio.

Enfatizar logo no início deste item esses dois aspectos — auto e hetero aprendizagens concomitantes e as consequências da transferência de parcelas de poder para outros atores da escola — reflete nossa preocupação com a especificidade das aprendizagens a serem introjetadas pelos educadores gestores. Com essa expressão, estamos nos referindo a diretores de escola, supervisores de ensino, coordenadores pedagógicos, orientadores educacionais, além de outras nomenclaturas assemelhadas.

Consideramos que a principal aprendizagem desses profissionais é liderar a **introdução dos processos coletivos** de tomada de decisões e de execução de atividades. E, por decorrência, o aperfeiçoamento e a continuidade desse movimento cujo início pode ser previsto, mas seu desenvolvimento, jamais. Cada escola de educação básica apresenta sua própria realidade, tem sua história e encontra-se um determinado ponto de sua evolução; de sorte que nenhuma experiência pode ser transplantada sem os necessários ajustes. Até em uma mesma escola, dependendo do momento pelo qual está passando, experiências de épocas anteriores precisam ser revisadas e adaptadas se repeti-las é desejo de seus integrantes[3].

A introdução dos processos coletivos, por sua vez, depende da **constituição e funcionamento de instâncias** voltadas para acolher e processar as contribuições de todos na tomada de decisões e na execução, monitoramento e avaliação das atividades.

Nesse aspecto, a atuação dos gestores escolares tem grande relevância, pois a estruturação desses lugares institucionais, em geral, requer domínio de importantes conhecimentos nas ciências de administração, com preponderância em gestão escolar. Exige ainda análise crítica de experiências efetivadas em escolas assemelhadas e, sobretudo, atuação cuidadosa no desenvolvimento desses órgãos colegiados; respeitar o tempo necessário para o andamento progressivo da implantação e preservar corajosa e vigorosamente os espaços para acolher as contribuições de todos são dois cuidados indelegáveis dos gestores.

Nas escolas públicas de diversos sistemas estaduais e municipais, o Conselho de Escola é um exemplo de órgão colegiado. Assim como as Associações de Pais e Mestres e o Grêmio Estudantil, implementados também em algumas escolas particulares,

---

3. Estamos tratando, neste capítulo, exclusivamente das escolas de educação básica. As instituições de ensino superior têm especificidades que introduziriam mudanças em vários tópicos aqui apresentados.

A tarefa apontada para os dirigentes escolares em parágrafo anterior será certamente facilitada se esses educadores, em seu dia-a-dia, assumirem o **compartilhamento efetivo de poderes** de decisão e ação. Vale muito, aqui, o pensamento conhecido por todos: mais vale o exemplo do que mil palavras.

A liderança dos gestores escolares na **implementação de uma cultura de planejamento coletivo** tanto no âmbito administrativo como no de ensino propicia atuação voltada para relações interpessoais calcadas em solidariedade e coletividade, contribuindo para amenizar as mazelas do individualismo. Educadores docentes e não docentes se unem através dos interesses considerados comuns para firmar parcerias visando atingir metas de elevação dos níveis de resultados educacionais.

Avançando na abordagem das aprendizagens requeridas para os gestores escolares em um ambiente institucional de gestão democrática, é relevante indicar **a liderança na organização do currículo** de educação infantil, ensino fundamental e ensino médio incluindo aprendizagens voltadas para a progressiva autonomia dos alunos em relação ao seu próprio desenvolvimento e ao de seus colegas. Indiscutivelmente, se os alunos alcançam níveis cada vez mais elevados de autonomia em seus processos de aprendizagem, a escola estará diante de um resultado maiúsculo de seu desempenho socioeducacional. Evidentemente, provocar tal efeito depende da execução de um currículo escolar recheado de oportunidades de aprendizagem da autonomia.

Nesse sentido, há algumas práticas indicadas para uma escola dar conta dessa atribuição. Exemplificando: eleição de representantes de classe; eleição da diretoria do Grêmio Estudantil; definição de normas de conduta e de funcionamento com contribuições dos alunos; inserção em projetos sociais desenvolvidos junto à comunidade; assumir periodicamente atribuições de setores da escola, como secretaria, biblioteca, cantina, portaria, entre outros.

Um alerta importante: é ilusão imaginar que a escola básica, sozinha e isolada, seja capaz de propiciar a seus alunos o grau de autonomia compatível com uma cidadania plena. Uma sociedade cuja democracia é frágil e na qual os privilégios de poucos predominam, há inegável interferência no pleno exercício da cidadania. Inúmeros fatores concorrem decisivamente nesse processo. Alguns exemplos: questões econômicas, regime político, ambiente cultural, cidade e bairro onde residem, saúde, segurança, habitação.

Entretanto, nenhum deles exime a escola de cumprir seu papel nesse requisito. E de cooperar, na medida do possível, com outras agências sociais que promovam oportunidades dessa aprendizagem para seus alunos.

A indicação de aprendizagens dos gestores em relação aos pais da escola é mais um tópico relevante. A inserção desses importantes atores escolares no movimento de gestão democrática costuma desencadear difíceis processos de delineamento e ajustamento do papel dos integrantes da instituição.

Aos gestores parece-nos correto afirmar que fica reservada a incumbência de **intermediação das relações escola-família** diante dos inúmeros obstáculos costumeiramente enfrentados por todos.

Os pais, por seu lado, exigem que a escola cumpra sua missão de escolarizar seus filhos segundo os conhecimentos e as experiências que tiveram durante sua vida, que pode ou não incluir uma trajetória escolar, sendo um nível completo — educação básica e superior — ou apenas um nível parcial.

Os profissionais da escola, por seu turno, possuem cursos de formação, conhecimentos e experiências de trabalho que os habilitariam a reservar exclusivamente para si as decisões acerca da escolarização dos seus alunos.

O diálogo entre todos é requisito indispensável em qualquer escola. E certamente será exigência ainda mais forte naquela que optar por gestão participativa.

A intermediação dos gestores na relação escola-pais caracteriza-se pela busca incessante e persistente dos aspectos comuns (já apontados diversas vezes em parágrafos anteriores) entre as contribuições dos educadores-pais e as dos educadores-profissionais. São esses pontos comuns que viabilizarão parcerias entre esses grupos e poderão solidificar a solidariedade entre todos. Afinal, são os alunos os maiores beneficiários desses entendimentos.

Aprendizagens dos funcionários

Os educadores encarregados de serviços de infraestrutura — secretaria, cozinha/cantina, manutenção, limpeza, segurança, portaria, transporte, entre outros — podem ser preciosos colaboradores em processos de gestão participativa.

Comumente pouco valorizados em muitos estabelecimentos, são profissionais que têm muito contato com alunos e pais no cotidiano de significativa quantidade de escolas. Muitos são portadores de vasto conjunto de conhecimentos sobre as crianças, os adolescentes e suas famílias. Não raro, alguns atingem alto grau de confiança dos alunos para o trato de questões delicadas de relacionamento, de personalidade, de desenvolvimento, de aprendizagem.

Obter a participação na gestão representa, em geral, conseguir potentes aliados na tarefa de disseminar os valores e as características da gestão democrática. Como nos itens anteriores, aqui também há aprendizagens a serem incorporadas pelos funcionários.

Reconhecer **o valor, o significado e a importância do seu trabalho para a educação** dos alunos parece-nos ser o mais relevante. De fato, na medida que assumem essa consciência, os educadores funcionários costumam proporcionar valiosas contribuições para o andamento dos projetos pedagógicos organizados pelos demais educadores da unidade escolar.

Para atingir cada vez mais elevado nível desse estágio de participação, a condição comumente necessária é a valorização desses profissionais por parte dos dirigentes, dos professores e, em decorrência, dos pais e dos alunos.

A aprendizagem de dar valor às suas próprias **contribuições para os processos coletivos** de decisão e ação reforça e concretiza a participação desses profissionais. Vencida a inicial timidez ou receio de anunciar suas ideias, por julgarem-nas irrelevantes ou impertinentes, a disposição em colaborar é a atitude progressivamente mais comum.

Nessa situação, podem aparecer sugestões baseadas numa visão equivocada ou ultrapassada dos processos pedagógicos e das normas de conduta assumidas pela escola. A Coordenação Pedagógica tem, então, a possibilidade de oferecer à reflexão dos funcionários os fundamentos necessários para que formem uma opinião mais condizente com as propostas da escola.

O conhecimento, a apreciação e o respeito **aos valores e as atitudes condizentes com os processos coletivos** de decisão e ação são aprendizagens reforçadoras da imersão dos educadores funcionários em ambientes institucionais com gestão democrática.

Trata-se de um projeto de formação continuada específica para a condição desses trabalhadores. Conhecendo preliminarmente suas trajetórias de vida, suas experiências profissionais, seus roteiros de escolarização, suas condições atuais de vida, a Coordenação Pedagógica poderá traçar metas, selecionar conteúdos, escolher estratégias que resultem em paulatina elevação dos conhecimentos, procedimentos e atitudes daqueles que se dispuserem a participar do projeto.

Aprendizagem dos alunos

Iniciamos esta parte com a proposta de que as escolas incluam aprendizagens de conhecimentos, procedimentos e atitudes que incentivem progressivamente o protagonismo dos alunos em todas as etapas da escolarização — Educação Infantil, Ensino Fundamental e Ensino Médio.

Dois efeitos simultâneos podem ser obtidos: reforçar as contribuições desses atores sociais para os processos de participação e oferecer-lhes oportunidades de vivenciar experiências desse modelo de gestão, que poderão servir de matriz para essa prática em outras organizações das quais fazem ou farão parte.

A autonomia progressiva em relação às suas aprendizagens e ao seu desenvolvimento constitui uma aprendizagem inegavelmente fundamental. Modulada pelo estágio de desenvolvimento de cada etapa de escolarização básica, a autonomia dos alunos costuma desenvolver a autoconsciência de suas potencialidades e limites para tomar decisões e realizar ações.

Sendo um longo processo que exige dos educadores cuidadosa intervenção nas situações propícias para essa aprendizagem, os alunos serão beneficiados na medida em que as ações educativas realizadas pela escola sejam fruto de um trabalho coletivo integrado e sequenciado ao longo da Educação Infantil, do Ensino Fundamental e do Ensino Médio. A Coordenação Pedagógica tem aí uma forte razão para liderar esse processo junto aos docentes.

É importante lembrar que o avanço progressivo da autonomia dos alunos pode desencadear situações de conflitos entre eles e seus educadores, sejam os pais, sejam os profissionais da escola. Conseguir transformar esses conflitos em situações de aprendizagens para todos — crianças ou adolescentes ou adultos — parece-nos ser a chave para solucioná-los.

Experiências de solidariedade e de parceria vivenciadas ao longo de todo o processo de escolarização viabilizam a formação de atitudes de respeito mútuo e busca incessante de entendimento.

Aprender a **constituir mecanismos de real participação dos alunos na gestão** pode contribuir decisivamente para a inclusão efetiva dos educandos em processos dessa natureza. Em sua plenitude, é claramente uma aprendizagem para as etapas finais da educação básica; mas que terá maior sucesso se for precedida por vivências ao longo dos anos interiores.

Com o objetivo de clarear a proposta, vamos refletir sobre um exemplo: as crianças de classes finais da Educação Infantil — 4 e 5 anos — de uma escola foram orientadas pela professora a repartir as tarefas necessárias ao funcionamento da classe entre todos.

A organização das carteiras, a distribuição dos materiais de estudo, a limpeza da sala e outros itens compuseram um quadro afixado na parede da sala contendo o nome do(a) aluno(a) responsável pela tarefa em cada dia da semana.

O estímulo da professora para que todos monitorassem o funcionamento desse mecanismo de participação foi uma aprendizagem relevante no final do ano. A análise coletiva e continuada de eventuais falhas e acertos ajudou a formar atitudes de responsabilidade, de respeito e de dedicação.

No caso relatado, a grande satisfação mostrada pelos alunos durante e no final do ano reforçou o apoio da professora aos processos de desenvolvimento da autonomia das crianças.

A adesão dos adolescentes a **projetos de melhorias das condições de vida em comunidades** próximas ou distantes poderá ser excelente coroação para um percurso de investimento na participação dos alunos na gestão democrática.

Projetos dessa natureza, em geral, exigem muitos recursos financeiros e isso pode constituir um obstáculo intransponível. Para atenuar, a escola pode conceber projetos na comunidade próxima; os resultados costumam também ser muito compensadores.

Planejar coletivamente, desde o início, a ideia de realização do projeto comunitário, definir as metas e etapas de preparação, realização e avaliação, envolver-se com empenho na execução do projeto, avaliar os resultados parciais e finais — todas essas atividades apresentam oportunidades de aprendizagem da solidariedade como fundamento das relações entre as pessoas.

Aprendizagem dos pais

Esse conjunto de atores sociais requer esforços específicos para fomentar sua participação na gestão da escola escolhida para seus filhos — mesmo reconhecendo-se que essa escolha é muitas vezes fruto de imposições socioeconômicas ou de um conhecimento precário das propostas pedagógicas oferecidas.

A inclusão dos pais nos processos decisórios traz consequências que costumam alterar a estrutura e o funcionamento da organização. Para que os pais possam efetivamente contribuir com a gestão, determinadas aprendizagens também são requeridas.

A identificação e o reconhecimento coletivo dos interesses específicos desse segmento estabelecem um patamar mínimo de atuação para cada pessoa. A superação dos individualismos, fartamente presentes na maior parte das relações interpessoais, passa a ser uma meta vital para o sucesso da participação dos pais na gestão. A ponto de tornar-se extremamente difícil alcançar a envolvimento almejado, se não houver essa superação.

A adequação da inclusão dos pais também depende do devido equacionamento coletivo das expectativas de cada pessoa em relação à escolarização de suas crianças. O envolvimento emocional que cerca costumeiramente essa questão merece especial atenção de todos para manejar com serenidade manifestações nem sempre apropriadas.

É comum acontecer que as expectativas em relação à escolarização de seus filhos levem os pais a querer interferir na concepção e execução de aspectos do Projeto Pedagógico da escola. A Coordenação Pedagógica pode propor aos pais que aprendam **a constituir e fazer funcionar instâncias decisórias coletivas** como canal apropriado para receber e processar as contribuições dos pais. Associação de Pais e Mestres, Conselhos de Escola são alguns mecanismos já largamente conhecidos como fóruns nos quais os movimentos de aprendizagem de participação dos pais podem ganhar força e eficácia.

A qualificação das contribuições dos pais será alcançada com maior ênfase se esses atores receberem estímulos para participar de encontros, reuniões, seminários ou quaisquer outras **atividades de formação coletiva adequadas à realidade de cada escola**, abordando temas como parceria escola-pais, organização do segmento de pais para inserção na gestão da escola, contribuições de pais em questões especificas dos projetos didáticos para as quais encontram-se melhor preparados devido à sua formação e vivências profissionais.

4. Considerações finais

As possibilidades de melhorar os resultados educacionais das escolas brasileiras de educação básica dependem de um vasto conjunto de medidas. Algumas sob a responsabilidade dos órgãos governamentais e seus dirigentes; outras, dos educadores profissionais das escolas, sejam eles dirigentes, docentes ou funcionários; há aquelas cujo desempenho cabe aos pais; e, enfim, existem as medidas que são incumbências dos alunos, respeitado o nível de amadurecimento das diferentes faixas etárias.

Se diferentes as contribuições de cada grupo de pessoas, um ponto precisa ser comum: a solidariedade como compromisso de todos e como base para a gestão participativa.

Conquistar estágios progressivamente mais elevados de participação pode ser um dos resultados mais relevantes da atuação da Coordenação Pedagógica.

Referências

BRITO, R. O.; CUNHA, C.; SIVERES, L. *Gestão Participativa e sustentabilidade socioambiental: um estudo em escolas da rede pública de Sobral — CE*. CIÊNCIA E EDUCAÇÃO, v. 24, 2018, Bauru. Disponível em: <http://www.scielo.org>. Acesso em: 25 fev. 2020.

GONÇALVES, C. L. *Gestão e participação: subjetividades em relação*. 175 f. Tese (Doutorado em Educação) — Programa de Estudos Pós-graduados em Educação: Psicologia da Educação. Pontifícia Universidade Católica de São Paulo, São Paulo, 2007.

MIZUKAMI, M. G. N. *Escola e aprendizagem da docência: processos de investigação e formação*. São Carlos: EDUFSCAR, 2002.

PARO, V. H. *A educação, a política e a administração: reflexões sobre a prática do diretor de escola*. EDUCAÇÃO E PESQUISA, v. 36, 2010, São Paulo. Disponível em: <http://www.scielo.org>. Acesso em: 24 fev. 2020.

PASSADOR, C.; SALVETTI, T. S. *Gestão escolar democrática e estudos organizacionais: convergências teóricas*. EDUCAÇÃO E SOCIEDADE, v. 34, 2013, Campinas. Disponível em: <http://www.scielo.org>. Acesso em: 27 fev. 2020.

Por entre palavras, silêncios, alegrias, lágrimas e olhares acontecem as relações solidárias!

Ecleide Cunico Furlanetto[1]
(ecleide@terra.com.br)

Cristiane Nobre Nunes[2]
(crisnonu@hotmail.com)

Muitas vezes basta ser:
colo que acolhe,
braço que envolve,
palavra que conforta,
silêncio que respeita,
alegria que contagia,
lágrima que corre,
olhar que sacia,
amor que promove.
E isso não é coisa de outro mundo:
é o que dá sentido à vida.
(Cora Coralina[3])

Participar de um livro que integra a coleção "Coordenador pedagógico", sempre é um desafio, especialmente quando se trata de um

---

1. Doutora em Educação pela PUC-SP. Professora do Programa de Pós-graduação em Educação da Universidade Cidade de São Paulo — UNICID.
2. Doutoranda do Programa de Pós-graduação em Educação da Universidade Cidade de São Paulo — UNICID.
3. Cora Coralina. *Saber Viver*, disponível em: <https://www.culturagenial.com/cora-coralina-poemas-essenciais/>, consultado em: 23/04/2020.

volume que nos provoca pensar sobre o coordenador e as relações solidárias que podem, ou não, acontecer na escola. O poema de Cora Coralina nos inspira, ao iniciar esta caminhada, oferecendo palavras que nos permitem nomear nosso texto e dizer que as relações solidárias pressupõem colos, abraços, palavras, respeito, alegrias, lágrimas, olhares e principalmente amor!

Nossas trajetórias profissionais incluem experiências como coordenadoras pedagógicas em diversas escolas e em vários segmentos da Educação Básica. Ao exercermos essa função, nos defrontamos com inúmeras situações que, ainda hoje, nos provocam e nos fazem pensar sobre as relações estabelecidas nos contextos escolares. Constatamos que algumas, dentre elas, nos fazem crescer; enquanto outras, nos paralisam e dificultam o caminhar.

Nesse texto, pretendemos abordar a temática proposta pelo livro, a partir do fragmento da trajetória de uma educadora. A análise se dará mediante dois eixos. O primeiro deles abordará as relações solidárias a partir das relações estabelecidas entre alunos e professores na escola, e, nessa perspectiva, dialogaremos com autores que discutem o conceito de resiliência. Por sua vez, o segundo aproxima-se das relações solidárias que ocorrem nos contextos de formação em que se incluem as histórias de vida dos participantes e, para isso, nos apoiaremos em autores que discutem narrativas de vida na formação.

Era uma vez...

Uma professora que chamaremos de Helena que, quando pequena, frequentou um colégio de freiras. Desde sua entrada no colégio, na 1ª série, sentia-se intimidada frente a uma grande construção, muito distinta de sua antiga escola e pouco à vontade; quando se via frente àquelas mulheres de preto que tinham um jeito díspar de ser, de se mover e de falar, elas pareciam ter vindo de um lugar, distante e desconhecido. Sentia saudades do contato com suas avós carinhosas e acolhedoras, agora espaçado e de brincar com as antigas amigas da Escola Infantil que pareciam mais felizes do que suas novas colegas.

Diante disso, foi se instalando uma sensação de lentidão na sua vida, ela foi ficando mais devagar, para se movimentar, fazer e dizer coisas, com medo de errar e de não atender às expectativas do colégio; sentia-se atrapalhada frente a livros, cadernos, lápis e borrachas que constantemente esquecia ou perdia, o que dificultava, ainda mais o enfrentamento das tarefas. Segundo Helena, ela não conseguia transformar em palavras o que estava sentindo e sua mãe, envolta em seus próprios problemas, parecia não perceber seu sofrimento. Os primeiros três anos na escola foram envoltos por uma névoa, de forma que, em sua memória, não restaram lembranças de suas professoras e, muito poucas, de suas colegas.

A entrada na escola para Helena, por motivos descritos e por outros desconhecidos e/ou não revelados, resultou numa situação dolorosa que a paralisou. Cyrulnik (2016) relata que o mundo interior paralisa quando alguém se vê submetido a uma situação traumática. No dizer de Helena, restaram apenas algumas cenas na sua memória, dentre elas, uma dela sentada na sala de aula frente a um texto que deveria ser copiado, porém algo a impedia de fazê-lo, sentia-se perdida no texto como na escola e não sabia mais em que parte da cópia estava. Tentando cumprir a tarefa, Helena olhou para a cópia de suas colegas com o intuito de ver o quanto elas já tinham escrito, com a ilusão de que se seu texto tivesse o tamanho do das outras, seus erros passariam despercebidos e, para isso, foi copiando frases aleatórias até pensar ter atingido o tamanho considerado necessário. Ao entregar a tarefa à professora deparou-se com um olhar de desânimo e reprovação, acrescido de um comentário: "Você precisa prestar mais atenção, Helena; e melhorar sua letra que está muito feia!".

Entre Helena e a professora não se estabeleceu uma relação que permitisse a ela achar um caminho que a tirasse da névoa em que se encontrava. O que a professora pode ver, foi uma lição malfeita, uma letra feia, mas não uma criança em sofrimento tentando fazer suas lições, sem conseguir. O que ela pôde oferecer, foram críticas que em nada contribuíram para ajudar sua aluna, pois, se Helena pudesse prestar mais atenção e fazer uma letra bonita, com certeza, o faria. A leitura que a professora fez das dificuldades apresentadas pela aluna a aprisionou, ainda mais, no território do não saber, do não poder e a confirmou na solidão em que se encontrava.

Alguns anos se passaram, e sempre sendo considerada uma aluna fraca, chegou na 4ª série do primário, o que equivale, atualmente, ao 5ª ano do Ensino Fundamental. A professora da 4ª série, era uma freira muito jovem, iniciando sua carreira docente. Helena contou que, ainda se lembra dessa professora nos mínimos detalhes, era capaz de recordar de suas mãos, até mesmo do formato de suas unhas, pois gostava de vê-la escrevendo, com uma letra bonita, o que para ela era impossível. A nova professora, como as outras, também percebeu sua letra grande e disforme, e suas dificuldades de escrita, mas observou algo mais: nas avaliações orais, Helena sabia se expressar com clareza e responder prontamente às questões que lhe eram feitas.

Essa constatação parece ter inquietado a professora, o que a levou a buscar alguma resposta para o fato. Uma das hipóteses que a mesma levantou foi a de que sua aluna tivesse problemas de visão. Conversou com uma outra freira que parecia ser uma espécie de coordenadora e juntas resolveram chamar sua mãe na escola para colocá-la a par dos problemas de sua filha e orientá-la na busca por um oftalmologista.

O médico constatou um pequeno problema de miopia e prescreveu a utilização de óculos. Apesar dos óculos terem um pequeno grau e, consequentemente, não afetarem significativamente a visão de Helena, ganharam grande importância, pois passaram a ser os responsáveis por seu fracasso na escola e, dessa forma, atenuaram a culpa e o sofrimento da menina por não corresponder às expectativas. Quando ficaram prontos, Helena os levou para a escola, mostrando-os para suas colegas e para a professora como um troféu. Ela passou a usá-los frequentemente, apesar de hoje perceber que eles mais a atrapalhavam do que ajudavam.

Cabe salientar que, apesar de iniciante, a professora foi capaz de estabelecer uma relação com a criança que a levou a pensar em soluções possíveis. Isto nos leva a crer que as respostas aos desafios enfrentados pelos docentes em sala de aula, necessitam ser construídas, enraizadas no campo relacional que se estabelece entre os envolvidos. Tornado mais claro: um professor não pode resolver questões com seus alunos, simplesmente, reportando-as ao coordenador ou à família e considerando que de agora em diante cabe a eles encontrar soluções. As dificuldades, apesar de partilhadas, continuam a ser do docente, requerendo dele a busca por respostas. No que se refere ao coordenador, não cabe a ele isentar-se, pois mesmo ele não estando diretamente envolvido, compete-lhe estar junto com o professor na procura por saídas.

A hipótese levantada pela professora não se mostrou totalmente correta, se for abordada numa lógica objetiva, pois os óculos não alteraram, de modo significativo, a visão de Helena, no entanto, do ponto de vista simbólico, a professora intuiu que Helena estava necessitando sair do lugar em que se encontrava e para isso precisava da ajuda de alguém que procurasse decodificar os sinais que estavam, por ela, sendo emitidos. Nessa perspectiva, os óculos tornaram-se um símbolo[4], pois, além de seu significado convencional, passaram a guardar outros relativos ao processo vivido por Helena na relação com sua professora.

Outro fato que merece ser destacado diz respeito à mãe ter sido colocada em contato com as dificuldades de sua filha e implicada na busca por uma solução, o que atenuou a sensação de solidão em que a menina se encontrava. Helena, mesmo sem poder contar o que estava vivendo, conseguiu se fazer notar por meio de suas dificuldades de escrita.

Como "ela não enxergava bem", a professora colocou-a na primeira carteira, bem perto dela, o que facilitou o fortalecimento do vínculo entre ambas. A professora olhava com mais frequência os cadernos de Helena, fazia sugestões e prestava ajuda com mais constância. O olhar atento da professora foi possibilitando a Helena a recuperação da confiança o que resultou em melhora de seu desempenho.

---

4. Segundo Jung (1964), o símbolo é algo que pode nos ser familiar, estar presente em nosso cotidiano, mas possui conotações especiais, além de seu significado evidente e convencional. Uma palavra, uma ideia ou um objeto é simbólico quando implica alguma coisa além do significado manifesto e imediato. Apresenta um aspecto desconhecido que nunca é precisamente definido ou explicado.

Toda essa atenção, despertou na criança um sentimento de gratidão, de alguma forma ela queria retribuir o cuidado que estava recebendo e, como percebeu que para sua professora era importante que ela aprendesse, pois isso a validaria no seu papel de docente; Helena se propôs presenteá-la com o que de melhor poderia lhe oferecer: a conquista da escrita. A professora costumava escrever bilhetes muito cuidadosos para os alunos com uma letra pequena e uniforme. Na tentativa de melhorar sua letra e penetrar no universo das palavras, passou a imitar a letra da professora e a buscar compreender como se escreviam as palavras.

Aos poucos a névoa foi se dissipando e ela começou a "enxergar melhor". Passou a não só decodificar os textos escritos, mas um texto mais sutil relacionado à cultura escolar. Ela relatou que de repente conseguiu ver mais longe e vislumbrar todo o texto e não, somente, linhas desfocadas que não conseguia conectar. Ela passou de ano, foi para o antigo ginásio. O contato com a ex-professora tornou-se escasso, mas ela a incluiu em seu mundo interno, não necessitando mais, tanto dela no externo. Um novo cenário se descortinou e Helena pode escrever um outro capítulo na sua história de aprendizagem, deixou de ser uma aluna fraca para ser uma aluna capaz de sentir prazer em aprender. Retomando Cyrulnik, (2016) "Para que a vida retorne, é necessário se sentir seguro novamente."

Os tutores de resiliência na escola

Para nos aprofundar na compreensão da experiência narrada, cabe retomar uma fala de Sara Paín[5], mencionada por Alícia Fernández[6], em uma palestra: "Uma criança ao chegar na escola necessita encontrar o olhar da professora, para que ao acompanhá-lo possa descobrir o conhecimento. Caso esse entrecruzamento de olhares

---

5. Psicopedagoga que situa o aprender no entrecruzamento de duas lógicas — a cognitiva e a dramática, para isso se apoia em Piaget e na Psicanálise (PAÍN, 1985).
6. Psicopedagoga responsável por inúmeras obras sobre as fraturas no aprender (FERNÁNDEZ, 1991, 2001).

não ocorra, provavelmente, mais difícil será o encontro da criança com o conhecimento." As relações estabelecidas na escola são de fundamental importância, levando em conta que o professor representa uma das figuras centrais no universo das crianças, podendo exercer um papel essencial na construção de sua subjetividade.

> É espantoso constatar o quanto os professores subestimam o efeito da sua pessoa e superestimam a transmissão de seus conhecimentos. Muitas crianças, mas muitas mesmo, explicam em psicoterapia o quanto um professor modificou a trajetória de suas existências por uma simples atitude ou por uma frase, anódina para um adulto, mas perturbadora para a criança. (CYRULNIK, 2005, p. 70)

O professor cumpre um papel importante, principalmente, no que se refere ao impacto que pode causar na trajetória das crianças. Para o autor, todos nós temos uma imensa capacidade para nos desenvolver, mesmo quando esse processo é interrompido por situações dolorosas e fazemos o possível para encontrar uma maneira de retomar o caminho. Os seres humanos, como as plantinhas que crescem nas fissuras das pedras, em condições desfavoráveis, tendem a firmar um compromisso com a vida e buscam formas de honrá-lo, procurando fontes de energia que os alimente. Essa capacidade pode ser nomeada de resiliência. Fajardo, Minayo e Moreira, (2010, p. 764), com base em revisão de literatura afirmam:

> Os textos analisados mostram que o adjetivo resiliente pode ser definido como uma característica de objetos e pessoas que apresentam resistência aos choques e a um conjunto de qualidades que favorecem o processo de adaptação criativa e a transformação a partir dos riscos e das adversidades.

A resiliência pode ser considerada um "processo complexo que resulta da interação do indivíduo com o seu meio ambiente" (ANAUT, 2005, p. 44) permitindo, por sua vez, que alguém encontre maneiras de se reorganizar após uma vivência desfavorável. Já, Jardim e Pereira (2006, p. 164) consideram "a resiliência como a capacidade de operacionalizar atitudes e habilidades no sentido de prevenir, minimizar ou superar os efeitos nocivos de crises e adversidades". Por sua vez Cyrulnik (2004) complementa, relacionando a resiliência com a aquisição de recursos internos afetivos e comportamentais que dão suporte ao enfrentamento das demandas externas sociais e culturais.

O que podemos depreender, é que cada um de nós, dependendo das condições disponibilizadas pela cultura, pode ativar em si uma capacidade restaurativa denominada resiliência. Para Cyrulnik (2016), ela não pode ser descrita como um processo linear e, por possuir um caráter de imprevisibilidade, não se apresenta da mesma maneira na vida de cada um de nós, mas pode ser favorecida, entre outros fatores, por um vínculo significativo estabelecido com alguém. Após a vivência de uma situação difícil a relação com o outro torna-se um ponto de apoio que permite entrar em contato com o mundo interior e se situar novamente no mundo exterior. O autor nomeia essa pessoa que se dispõe a ouvir a acolher alguém em uma situação adversa de tutor de resiliência.

Estes tutores são encontrados na família, nas amizades, na escola, enfim na cultura. Alguns são explícitos como psicólogos, médicos, assistentes sociais, profissionais que se dedicam a tarefas de apoio; outros são implícitos, o sujeito elege-os em seu entorno, entre aqueles que se disponibilizam a estabelecer uma relação suficientemente estável e acolhedora. Além desses, que estão próximos, pode se tornar um tutor de resiliência, até mesmo, um astro, um esportista, um escritor, que passam a servir de modelos e, dessa forma, estimulam, por meio do exemplo, alguém a ir em busca de saídas. Muitos de nossos alunos buscam por alguém que olhe nos seus olhos, decodifique seus pedidos e podem encontrá-lo na escola.

> Nesse espaço, o professor torna-se, assim, peça-chave no processo de promoção da resiliência, tecendo os vínculos que revitalizarão os sentimentos, sendo fonte de apoio para a superação das adversidades, aprendendo a ser professor/aluno no convívio diário, pertencendo à escola por opção, podendo e querendo construir-se

a partir de vivências íntimas e eficazes, gerando novas formas de ser e de viver. (CONDORELLI, GUIMARAES e AZEVEDO, 2010, p. 17)

O coordenador, também pode exercer esse papel, pois frente a professores impactados por situações adversas que constantemente se apresentam nas escolas contemporâneas, ele pode, mesmo sem o saber, tornar-se um tutor de resiliência, o que pressupõe estar com o professor frente a obstáculos que por vezes parecem intransponíveis, mas que ao serem enfrentados tornam-se oportunidades de reflexão, ressignificação e renovação. Ao estar com o professor numa relação que implique solidariedade, pode estimulá-lo a estar com seus alunos da mesma maneira.

Histórias de vida e experiências simbólicas nos cenários formativos

Narrar essa experiência, teve um efeito catalizador para Helena. Ela contou, para isso, com o acolhimento do coordenador e de seus colegas que puderam ouvir e respeitar suas experiências na escola e ajudá-la na construção de novos sentidos para o que tinha vivido. Ao fazer isso, ela não só retomou sua história, mas em colaboração com seus pares teceu novas significações para o vivido e dessa forma ressituou-se frente ao passado, e também frente ao futuro, na medida em que ele será afetado pelo trabalho realizado no contexto de formação.

> A colocação em comum de questões, preocupações e inquietações, explicitadas graças ao trabalho individual e coletivo sobre a narração de cada participante, permite que as pessoas em formação saiam do isolamento e comecem a refletir sobre a possibilidade de desenvolver novos recursos, estratégias e solidariedades que estão por descobrir ou inventar. (JOSSO, 2007, p. 415)

Contar suas histórias e saber que há quem as ouça e as acolha e poder ouvir as de outros, nos cenários de formação, estimula a criação de relações solidárias entre os que podem compartilhar momentos de suas vidas, considerados formativos e constitutivos de suas subjetividades. Concordamos com Josso quando diz que: "As narrações centradas na formação ao longo da vida revelam formas e sentidos múltiplos de existencialidade singular-plural, criativa e inventiva do pensar, do agir e do viver junto." (JOSSO, 2007, p. 431) e, acrescentamos, do formar-se e transformar-se em sintonia com si mesmo e com os outros.

Não podemos esquecer, ainda, que todo processo de formação é um processo de aprendizagem e de ressignificação. Para explorar essa relação, contamos com Alicia Fernández que nos ajuda a compreender o lugar da recuperação do passado nos processos de aprendizagem:

> Necessitamos um modo diferente de analisar a relação entre futuro e passado para entender o que acontece em todo processo de aprendizagem. Aprender é construir espaços de autoria e, simultaneamente, é um modo de ressituar-se diante do passado. A construção autobiográfica jamais está terminada. Os capítulos que se criam definitivamente acabados *podem prestar-se a modificações*. Se isso não fosse possível, nenhum trabalho de ensino de aprendizagem, nem terapêutico, seria possível, já que os três — de diferentes formas — supõem a ressignificação da história. (FERNÁNDEZ, 2001a, p. 69)

Ao narrarmos nossas histórias, realizamos um trabalho de construção e reconstrução guardando as inscrições do passado, mas gerando novas significações. Cabe ir além e dizer que incluir as histórias de vida nos contextos formativos possibilita aos professores entrar em contato com suas matrizes pedagógicas (FURLANETTO, 2018) e refletir sobre as experiências que os tocaram e como elas ainda hoje interferem em suas práticas e, mais ainda, seus gestos pedagógicos, aqueles que não estão previstos nos planejamentos, mas emergem espontaneamente nas relações, em forma de elogios, de sorrisos, de críticas, de gritos e de muitas formas afetam os alunos e seus modos de se constituir sujeitos.

Consideramos que recuperar o relato de uma professora sobre algo que lhe aconteceu quando era aluna, abre possibilidades de ampliar a compreensão sobre a importância de incluir as histórias de vida nos processos de formação. Helena disse encontrar-se, frequentemente, com crianças parecidas com a que ela foi na sala de aula, acuadas e com medo de errar. E, afirma que sua antiga criança, a auxilia no entendimento de como seus alunos sentem-se e a levam a descobrir possibilidades de ajudá-los. Isto nos possibilita compreender que as experiências dolorosas, assim como as prazerosas, são partes constitutivas de nossa subjetividade e ambos os tipos de experiências compõem tanto as dimensões criativas, como as defensivas de nosso ser.

Em princípio, cabe dizer que existem alguns acontecimentos que nos marcam muito mais que outros e podem ser considerados como experiências simbólicas (FURLANETTO, 2011). Eles se alojam na borda da consciência, disponíveis para retornar ao centro, quando alguma situação do presente os chamam. Ao emergirem, demandam uma maior compreensão do vivido, desencadeiam processos reflexivos e novas atribuições de sentidos. Elas chegam à consciência de repente, provocam surpresas e como lembranças descuidadas se instalam, desorganizando antigos conteúdos e requerendo novas ordens.

Observamos que as experiências simbólicas, quando acessadas, adquirem o formato de cenas que retornam à consciência como um conjunto de lembranças, sensações, sentimentos, emoções e pensamentos que compõem uma imagem. As narrativas de formação resultam do entrelaçamento dessas cenas e dos sentidos atribuídos a elas. Emergem como possibilidade de construir sentido para o que foi vivido. No momento em que além de lembradas, se transformam em ato, integram-se ao devir da pessoa e passam a compor o movimento de constituição de uma existência.

Todo esse processo provoca um alargamento da consciência que se traduz em crescimento pessoal e profissional. Os processos formativos que incluem a retomada de trajetórias de formação, não só das formais como das informais, possibilitam que os profissionais se situem com mais clareza no lugar que ocupam e tomem em suas mãos seus processos de formação.

É preciso dizer ainda que os processos formativos que abarcam as histórias de vida possibilitam que os professores, como Helena, encontrem suas próprias palavras para que deixem de ser repetidores de teorias carentes de sentidos para eles e passem a se expressar por meio de um idioma próprio capaz de referendar sua autoria como professor.

Conclusões inconclusas

Escrever este texto nos possibilitou traçar um percurso que nos instigou voltar ao nosso passado e entrar em contato com experiências que nos marcaram como coordenadoras e pesquisadoras. Dentre todas as lembranças que retornaram, escolhemos uma, vividas por uma de nós que nos pareceu ser importante compartilhar, pois retomava a história de uma professora que quando criança, como muitas outras, ao entrar na escola, deparou-se com um ambiente hostil e, talvez por não contar com o apoio de sua família, não pôde expressar o que sentia, de forma a conseguir ajuda para enfrentar a situação em que se encontrava. Então teve que lidar com sua situação mediante seus recursos, ainda escassos em decorrência de sua tenra idade.

No entanto, no decorrer do seu percurso escolar, encontrou uma professora que foi capaz de olhar para ela, não como mais uma aluna, mas como uma criança que tentava dizer algo, mas que não encontrava palavras para fazê-lo, já que as palavras fugiam e não estavam disponíveis para contar sua história, como também, para compor seus textos escolares. No entanto, com a ajuda desta professora que, mesmo sem saber, emprestou-lhe suas próprias palavras, para inicialmente serem copiadas, mas na sequência servirem de pontes para que ela encontrasse suas próprias palavras. A vivência desse processo possibilitou à criança ser autora, não apenas de textos escolares, mas de textos que compõem sua vida.

A criança cresceu, tornou-se professora e, um dia num espaço de formação, teve a oportunidade de contar com a colaboração de seus pares e do coordenador para voltar ao passado, retomar sua história, refletir e atribuir novos sentidos a ela, o que a levou a situar sua experiência em seu processo de formação.

Percebeu que novos desafios apareceram em sua vida, ainda mais difíceis, mas ela levou em sua bagagem existencial a experiência de que é possível se reinventar, mesmo em situações extremamente desfavoráveis. Para isto, colaborou o fato de que, quando pequena, foi capaz de se fazer entender e teve alguém que decodificou seu pedido de ajuda.

Gusdorf (1995, p. 60) salienta que: "A graça da comunicação pela qual se dá recebendo e se recebe no ato de dar, é a descoberta de nosso semelhante, do próximo, do meu outro eu, na amizade ou no amor." Nos encontros nos quais damos e recebemos, seja como alunos, professores, coordenadores, não só encontramos o outro, mas a nós mesmos, partilhando colos, abraços, palavras, silêncios, alegrias, lágrimas, olhares e amor. E, desta forma, vamos atribuindo sentidos à vida e, também, descobrindo que vale a pena viver.

Referências

ANAUT, M. *A resiliência: ultrapassar os traumatismos.* Lisboa: Climepsi Editores, 2005.

CONDORELLI, A., GUIMARAES, C. F., AZEVEDO, C. R. da S. de. *O papel do educador como tutor de resiliência à luz das ideias de Boris Cyrulnik.* Polyphonía, v. 21/1, jan./jun. 2010.

CYRULNIK, B. *O murmúrio dos fantasmas.* São Paulo: Martins Fontes, 2005.

CYRULNIK, B. *Os patinhos feios.* São Paulo: Martins Fontes, 2004.

FAJARDO, I. N.; DE SOUZA MINAYO, M. C.; MOREIRA, C. O. F. *Resiliência e prática escolar: uma revisão crítica.* Educação & Sociedade, v. 34, n. 122, pp. 213-224, 2013.

FERNÁNDEZ, A. *A inteligência aprisionada.* Porto Alegre: Artmed, 1991.

FERNÁNDEZ, A. *Os idiomas do aprendente.* Porto Alegre: Artmed, 2001.

FURLANETTO, E. C. Formação de professores: um percurso, múltiplos desafios da pesquisa (auto)biográfica. In: FURLANETTO, E. C. NACARATO, A. M. e GONÇALVES, T. V. O. (orgs.) *Espaços formativos, trajetórias de vida e narrativas docentes.* 1 ed. Curitiba: CRV, 2018, v. 6, pp. 99-119

FURLANETTO, E. C. Formação e transdisciplinaridade: o encontro com a experiência. In: S. TORRE, Saturnino, M. ZWIEREWICZ e E. C. FURLANETTO (orgs.). *Formação docente e pesquisa transdisciplinar: criar e inovar com outra consciência.* Blumenau: Nova Letra, 2011, pp. 125-140.

GUSDORF, G. *A palavra.* Lisboa: Edições 70, 1995.

JARDIM, J. e PEREIRA, A. *Competências pessoais e sociais: guia prático para a mudança positiva.* Porto: Edições Asa, 2006.

JOSSO, M. C. *A transformação de si a partir da narração de histórias de vida*. Educação, v. 30, n. 63, pp. 413-438, 2007.

JUNG, C. G. *O homem e seus símbolos*. Rio de Janeiro: Nova Fronteira, 1964.

PAÍN, S. *Diagnóstico e tratamento dos problemas de aprendizagem*. Porto Alegre: Artes Médicas, 1985.

Estratégias formativas que privilegiam as relações solidárias da escola

Jeanny Meiry Sombra Silva[1]
(jeanny.sombra@hotmail.com)
Laurinda Ramalho de Almeida[2]
(laurinda@pucsp.br)

> *A solidariedade é o sentimento que melhor expressa o respeito pela dignidade humana.*
> (Franz Kafka)

As origens do capítulo

Nossa trajetória profissional como docentes e pesquisadoras nos tem permitido ouvir dos coordenadores pedagógicos — CP — sobre como conduzem os processos formativos em suas escolas e as dificuldades e sucessos nessa condução. O contato com os CP, ouvindo-os e por vezes participando de suas formações, levou-nos a perceber a importância de produzir mais conhecimento sobre o tema, por meio de uma pesquisa.

Este capítulo traz recortes de uma pesquisa de doutorado (SILVA, 2019), apresentada no Programa de Estudos Pós-graduados

---

1. Doutora em Psicologia da Educação PUC-SP. Docente e coordenadora de curso de pós-graduação na UniÍtalo. Formadora de professores em instituições de ensino público e privado.
2. Professora e vice-coordenadora do Programa de Estudos Pós-graduados em Educação: Psicologia da Educação e professora do Mestrado Profissional em Educação: Formação de Formadores, ambos da PUC-SP. Orientadora da Tese que deu origem a este capítulo.

em Educação — Psicologia da Educação da PUC-SP. O objetivo do estudo foi conhecer e analisar práticas formativas empregadas por coordenadores, nas reuniões coletivas das escolas públicas da rede estadual de ensino, na cidade de São Paulo. Os sujeitos participantes foram coordenadores pedagógicos do Ensino Fundamental e Médio. Os métodos mistos (MOSCOSO, 2017) foram utilizados como procedimentos metodológicos e permitiram combinar olhares quantitativos e qualitativos à pesquisa, quais foram: *Survey* realizada com 380 coordenadores, observação das reuniões de formação — ATPC[3] — ocorridas em quatro escolas públicas da capital e entrevista narrativa com os coordenadores dessas quatro escolas.

O texto está dividido em três partes. Na primeira, apresentamos o que são estratégias formativas e um levantamento das estratégias encontradas em autores do campo da formação docente. Na segunda, destacamos alguns achados do estudo decorrente de dados quantitativos e qualitativos. Na terceira parte, discutimos, por meio do relato de uma ATPC observada, possibilidades de como o coordenador pode manter uma postura solidária frente a conflitos que surgem numa reunião.

O que são estratégias de formação docente?

Estratégia: um termo polissêmico

Estratégia é um termo que pode ser aplicado com diferentes finalidades, a depender do contexto e da intencionalidade. Para Imbernón (2011, p. 18), existem "estratégias específicas", dentre elas, cita, por exemplo: estratégia de planejamento curricular, estratégias de formação de grupos, de pesquisa, de resolução de problemas, de comunicação, de observação de aula, entre outras. No estudo que deu base a este capítulo, nos referimos às estratégias de formação que podem ser utilizadas em reuniões de formação docente.

---

3. Nas escolas públicas as reuniões de formação docente ocorrem em horários de ATPC — Aula de Trabalho Pedagógico Coletivo.

No campo da formação docente, as estratégias podem ser conhecidas como dispositivos de formação, "entendidos como a implementação de meios capazes de incentivar a atividade de sujeitos em relação aos objetivos fixados" (BARBIER, 2013, p. 59). Para Amaral (et al., 1996, p. 100), as estratégias de formação podem ser "um meio de formar professores reflexivos, isto é, professores que examinam, questionam e avaliam criticamente a sua prática". Numa perspectiva parecida, Roldão (2010, p. 68) explica que "a estratégia significa uma concepção global, intencional e organizada de uma ação ou conjunto de ações tendo em vista a consecução das finalidades de aprendizagens visadas".

Portanto, estratégia não é uma atividade isolada, mas um conjunto de ações organizadas previamente e realizadas de forma processual para atender um objetivo. Isso significa que, na proposição de uma situação de aprendizagem docente, recorre-se ao planejamento de uma série de etapas sequenciais, ao elaborar o roteiro formativo.

> Considera-se assim, nesta perspectiva, o conhecimento didático, ou didático-pedagógico aproximando o conceito da formulação de Shulman — expressão do *saber como ensinar* — como o núcleo central do conhecimento profissional docente, ancorado e contextualizado por todos os restantes componentes [...]. (ROLDÃO, 2017, p. 1144)

A mobilização informada dos vários tipos de conhecimento (SHULMAN, 2004) necessários ao saber agir, saber como proceder a formação dos professores "configura a escolha sustentada do modo estratégico de atuar do formador em cada situação" (ROLDÃO, 2017, p. 1147).

Para tanto, os coordenadores acionam os saberes procedimentais para diagnosticar as necessidades pedagógicas do seu grupo de professores, além de pensar em quais estratégias metodológicas são mais apropriadas para tratar os diferentes conteúdos, qual o melhor referencial teórico, qual a melhor maneira de verificar as aprendizagens conquistadas e como avaliar os resultados da formação.

É possível lançar mão de estratégias de formação que estejam na perspectiva de formação crítico-reflexiva? Sim, desde que não se pense em estratégias somente como portadoras de soluções instrumentais, que se resolvem mediante a aplicação de conhecimentos teóricos e técnicos.

Com base nesses pressupostos, iniciamos nossa investigação com algumas questões em mente: quais estratégias de formação podem ser utilizadas pelo coordenador no papel de formador de professores? Quais procedimentos didático-metodológicos podem levar o professor a ser um coparticipante do processo formativo? Que encaminhamentos podem ser utilizados, de modo a possibilitar uma reflexão crítica da prática de ensino? Como o coordenador pedagógico pode aproveitar as reuniões de formação para ajudar o professor em seu desenvolvimento profissional?

Estratégias: um levantamento na literatura do campo da formação docente

Na literatura do campo da formação docente, há muita discussão conceitual sobre princípios de formação. No entanto, há pouco material que documente as estratégias de formação utilizadas pelos coordenadores nos momentos das reuniões coletivas. Também há uma carência de estudos exemplificando procedimentos didático-metodológicos que podem ser empregados pelo coordenador em encontros formativos. Realizamos uma busca e encontramos, nas coletâneas organizadas por André (2016), Cardoso, Lerner et al. (2012), bem como Paquay et al. (2001), proposições práticas de como diferentes formadores (dentro e fora do Brasil) têm trabalhado com estratégias formativas, em função de seus objetivos e contexto de atuação. Também encontramos sugestões de estratégias em Marcelo Garcia (1999) e dispositivos de formação em Barbier (2013). Agrupamos essas informações na *Figura 1*.

Outras estratégias encontradas em diferentes autores foram: homologia de processos, diário de itinerância, análise de bons modelos didáticos, incidentes críticos e narrativas autobiográficas de professores. As etapas dessas estratégias estão registradas no trabalho de Silva (2019).

Figura 1. Estratégias de formação docente em diferentes autores

(ANDRÉ, 2016)

- Professor pesquisador da própria prática;
- Construção colaborativa de sequências didáticas;
- Videofilmagem;
- Diário de campo;
- Grupos colaborativos;
- Análise de práticas formativas.

(CARDOSO et al., 2012)

- Dupla conceitualização;
- Tematização da prática;
- Análise de produção discente;
- Situações de leitura, podendo ser: dirigida, compartilhada, para discussão, para aprofundamento de questões.

(MARCELO GARCÍA, 1999)

- Redação e análise de casos;
- Análise de biografias de professores;
- Análise de constructos pessoais e teorias implícitas;
- Análise do pensamento docente através de metáforas;
- Análise do conhecimento didático do conteúdo por meio de árvores ordenadas.

(BARBIER, 2013)

- Análise do trabalho;
- Análise de práticas;
- A escrita sobre as práticas profissionais;
- A formação-ação;
- A pesquisa-formação.

(PAQUAY et al., 2001)

- Videoformação;
- Escrita clínica sobre a prática: diário, incidente crítico;
- História de vida;
- Relato de práticas;
- Análise de práticas;
- Modelos pedagógicos;
- Explicitação e a confrontação de práticas por meio da socialização entre os pares;
- Pesquisa-formação.

Fonte: SILVA, 2019, p. 74.

O que torna interessantes as estratégias agrupadas na *Figura 1* são os procedimentos elaborados para que os formadores evitem a armadilha da mera transmissão de conteúdo[4]. Os princípios que as sustentam são a problematização e reflexão da prática, a construção do conhecimento de maneira significativa, e a relação teoria e prática, que caminham juntas, de um modo produtivo.

Alguns achados de nosso estudo

Dimensão quantitativa

Na etapa da *Survey*, os participantes foram contatados por e-mail e convidados a responder um questionário ambientado na plataforma *online SurveyMonkey*. Além das perguntas de caracterização dos sujeitos, o questionário continha uma pergunta aberta: "Ao conduzir as reuniões de formação docente, que estratégias você costuma utilizar? Fique à vontade para escrever o quanto desejar".

Responderam ao questionário 380 coordenadores. Para análise, agrupamos as respostas mais recorrentes em eixos temáticos, o que fez surgir subcategorias e, por fim, três categorias: estratégias de formação docente; o que se lê e o que se vê nas reuniões; por trás das ações dos coordenadores.

Para efeito de ilustração dos resultados, apresentaremos apenas o agrupamento das estratégias mencionadas pelos coordenadores, conforme se observa no *Quadro 1*:

Quadro 1. Agrupamento dos eixos temáticos da categoria "Estratégias de formação docente"

Estratégias	%
Debate	6%
Análise de práticas	8%

---

4. Entendemos que o conteúdo — aquilo que faz parte da cultura historicamente acumulada — é fundamental na formação de professores (LIBÂNEO, 2015). O que se questiona neste estudo é *a mera transmissão de conteúdo*, tal qual como concebida por Freire, ao utilizar o termo "educação bancária". Na educação bancária, "o único papel do educador é o de expor/impor conhecimen-

continuação...

Quadro 1. Agrupamento dos eixos temáticos da categoria "Estratégias de formação docente"	
Roda de conversa	3%
Grupo colaborativo	2%
Tematização da prática	7%
Estudo de caso	6%
Problematização/dinâmicas/atividades desafiadoras/sistematização	10%
Seminários/aulas/oficinas de práticas realizadas pelos professores	3%
Homologia de processos	6%
Dupla conceitualização	5%
Análise de textos/atividades dos alunos/avaliações	5%

Fonte: SILVA, 2019, p. 110. Cálculo com base na incidência de respostas dos 380 respondentes.

A *Survey* possibilitou identificar o que os sujeitos apontam por estratégia de formação, dentre algumas: estudo de caso, análise de bons modelos, tematização da prática, leitura compartilhada, dupla conceitualização. Isso significa que a grande maioria dos coordenadores demonstra conhecer e fazer uso dos dispositivos mencionados. Nem todas as respostas, porém, permitiram identificar os procedimentos formativos adotados pelos CP; algumas foram muito genéricas e outras indicaram apenas a utilização de recursos como vídeos, textos teóricos e apresentação de *PowerPoint*.

Um dos coordenadores afirmou que o que falta é "conhecer estratégias eficientes" (CP 276)[5]. Mas será que somente isso é suficiente? Não. A teoria e o conhecimento didático-pedagógico colaboram para aprimorar nosso olhar e a capacidade de interpretar o que está se passando na escola; ajudam a compreender de forma mais fundamentada aquilo que está ocorrendo na interação do aluno com o conhecimento. Portanto, não se trata de entender as estratégias como uma aplicação ou prescrição, elas não devem funcionar como

---

tos, não havendo espaço para discussão ou reflexão, sua missão é meramente informativa" (VASCONCELOS; BRITO, 2006, p. 83).

5. Em nosso trabalho, os coordenadores que responderam ao questionário *Survey* foram identificados por números de 01 a 380.

uma lista de exercícios ou dinâmicas para envolver os professores. O caminho para a formação crítico-reflexiva não está apenas na estratégia, mas na concepção do coordenador sobre o processo de formação. Se a concepção do coordenador se baseia na formação para o desenvolvimento de um profissional crítico e reflexivo, ele não conceberá o professor como alguém que aplica técnicas; ao contrário, sua ação será na perspectiva de ajudar o professor a avaliar, refletir e analisar criticamente sua prática.

A análise das estratégias mencionadas na *Survey* evidenciou que elas têm o potencial de mobilizar o grupo docente para uma reflexão crítica sobre a prática, uma vez que os encaminhamentos metodológicos previstos nesses dispositivos formativos possibilitam uma postura investigativa do professor sobre seu trabalho em sala de aula. Mas, de que modo esse processo está sendo conduzido? Se, de fato, os coordenadores participantes estão conseguindo, por meio das estratégias mencionadas, promover junto ao grupo tal postura e a reflexão desejada é algo que esse estudo não deu conta de verificar. Ainda que esse não fosse o objetivo do estudo, pensamos que seria muito importante colocar o foco nessa questão.

Por fim, consideramos que o levantamento foi produtivo, pois revelou o interesse dos coordenadores no foco que era nosso objeto de pesquisa: conhecer o que os coordenadores da rede pública estadual compreendem por estratégia de formação. Por exemplo, vários mencionaram buscar informações sobre estratégias formativas; para isso, vasculharam na internet, cadastraram-se em comunidades virtuais para trocar experiência com outros colegas da profissão, outros mencionaram que baseiam suas propostas de formação em cursos e leituras que eles próprios fazem. Ou seja, há indícios de preocupação por parte de muitos CP da rede pública em estudar o "como fazer" a formação, isto é, não ficar só nas diretrizes, mas chegar à operacionalização do processo.

Alguns resultados da dimensão qualitativa do estudo

Em nossa investigação, também fomos a quatro escolas, com o objetivo de observar como os coordenadores conduziam as reuniões de formação docente e que estratégias usavam (ou não). Também era nosso interesse escutar os coordenadores, conhecer suas concepções de formação. Para isso, utilizamos como método a Entrevista Narrativa (JOVCHELOVICH; BAUER, 2002).

Dentre os achados dessa fase da observação e entrevista, coletamos vários dados importantes. Neste espaço, vamos dar destaque apenas a um deles, conforme o item a seguir:

— *Formação realizada por coordenadores da rede frente às demandas de programas da SEE: a fórmula "avaliação-problema-solução".*

Na fala dos coordenadores um dado recorrente foi a referência às demandas da SEE-SP. Mencionaram programas como MMR[6], SARESP[7], AAP[8]; ao se referirem a esses programas, utilizaram expressões como: "*é algo imposto*"; "*vem de cima*"; "*não tem como escapar*", etc. Tais expressões, permeadas de modalizadores discursivos, carregam um valor semântico negativo, criando um efeito de desaprovação e contrariedade.

No entanto, observando "o todo" de seus relatos, foi possível notar que os coordenadores participantes não assumem uma posição de subserviência ao que "*vem de cima*"; como revela Eliane em entrevista:

Por conta do MMR, a gente teve que fazer essa reflexão para preencher uma planilha com nosso plano de recuperação, então foi algo imposto, mas eu achei bem produtivo, porque a gente teve que parar e pensar: em qual habilidade meu aluno está tendo mais dificuldade? (Entrevista Eliane).

O que tornou a tarefa produtiva para Eliane? Foi o fato de ela conseguir atribuir um sentido pedagógico à demanda. Por isso, ela mobiliza o grupo para "parar e pensar" nas dificuldades de aprendizagem dos alunos.

---

6. MMR — Programa Método de Melhoria de Resultados.
7. Sistema de Avaliação do Rendimento Escolar do Estado de São Paulo.
8. Avaliação de Aprendizagem em Processo.

Na entrevista de João, foi possível perceber que ele também cumpre com as demandas advindas de projetos de política da secretaria, mas acrescenta um olhar crítico à tarefa:

> *Bem, essa é uma prática que está atrelada ao MMR também, e diante dos números, aí pegando a AAP [Avaliação de Aprendizagem em Processo], a matemática está com os índices baixos, então o nosso foco para 2018 é a metodologia diversificada. Mas, tudo fica com a nossa cara. ... não é algo que ache ruim, acho que é importante pra escola discutir índices e resultados de avaliações. Mas, a gente tem tanta coisa importante pra discutir.* (Entrevista João)

O CP parece ter uma visão sistêmica dos índices da escola (provenientes da AAP e MMR) e, com base neles, propõe um *"foco para 2018"*. Explica que suas ações pedagógicas estão *"atreladas ao MMR"*, mas que adapta a demanda de um modo que "fique com a cara do grupo". João considera importante discutir os resultados da escola; no entanto, afirma que a discussão não deve apenas girar em torno disso, pois menciona: *"Mas a gente tem tanta coisa importante pra discutir"*.

Esses e outros recortes suscitaram alguns questionamentos. Acreditamos que a falta de consciência ou a falsa consciência em torno da fragmentação do próprio trabalho pode interferir na ação do coordenador, aprisionando-o em uma alienação em torno de si próprio e do seu fazer (FREIRE, 1983)[9]. Mas, será que os comentários destes coordenadores revelam uma visão alienada? Que peso têm as relações institucionais (Diretoria de Ensino, supervisores, diretores, professores), na aceitação ou na resistência a essas normas de programas da SEE? Que processos são gerados no dia a dia escolar para responder às demandas das políticas educacionais?

---

9. Apoiando-se em Freire, Vasconcelos e Brito (2006, p. 42) assim explicam o conceito de alienação: "é o estado não-reflexivo do indivíduo sem consciência do seu próprio 'eu' perante a sociedade, passivo em suas decisões e ignorante de suas possibilidades".

É certo que as exigências impostas à escola condicionam o trabalho do CP e influenciam nas ações de formação. Mas, é certo afirmar que o coordenador é apenas um gerencialista a serviço das demandas dos órgãos centrais? É possível encontrar algumas respostas, estabelecendo um diálogo com Vaillant e Marcelo (2012, p. 169):

> O desenvolvimento profissional docente implica interação com os contextos espacial e temporal. O contexto espacial refere-se ao ambiente social, organizativo e cultural no qual se realiza o trabalho dos docentes. Dentro desses ambientes, são produzidas múltiplas interações sociais, que envolvem companheiros, pais e diretores. Dessa forma, as condições de trabalho influenciam no desenvolvimento profissional docente, promovendo-o ou inibindo-o. Entretanto, essas condições não devem ser entendidas como uma relação de causa e feito, mas como elementos mediadores.

Não se pode desconsiderar o contexto social e espacial, ao investigar a condução da formação do CP na ATPC. Nos achados deste estudo, foi possível perceber que as demandas políticas exercem influência nas condições de trabalho desse profissional; mas, como Vaillant e Marcelo consideram, essas condições não devem ser entendidas como uma relação de causa e efeito, mas como elementos mediadores. A escola é orgânica, as múltiplas interações existentes neste espaço são atravessadas pela subjetividade[10] de cada pessoa, o que permite aos profissionais que nela atuam realizar adaptações, mediações e transformações nas demandas dos órgãos superiores. O comentário de Adriana amplia essa leitura:

> *Mas, é o que eu falo para os professores: "nós temos que, sim, cumprir com toda parte burocrática do MMR, mas já que nós*

---

10. Por subjetividade, utilizamos a seguinte definição: "característica própria de cada um em permanente constituição, construída nas relações sociais, que permite à pessoa um modo próprio de funcionar, de agir, de pensar, de ser no mundo, modo que a faz atribuir significados e sentidos singulares às situações vividas. É o que faz cada um ser diferente do outro, diferença que tem origem nas significações atribuídas às experiências vividas, que por sua vez são produzidas no social." (PLACCO; SOUZA, 2006, p. 43)

temos que cumprir isso, vamos utilizar ao nosso favor, entende? (Entrevista Adriana).

Adriana tem um posicionamento explícito em relação ao programa MMR; afirma que é *"burocrático"*. Ao mesmo tempo, concorda: *"temos que cumprir, sim"*. No entanto, a expressão *"vamos utilizar ao nosso favor"* traz subentendida uma apropriação do objeto (MMR), transformando-o para atender aos interesses do grupo, que atua como seus interlocutores, "os professores".

A esse respeito, uma investigação de seis anos em uma escola pública revela que,

> Na mediação, os sujeitos em relação se apropriam dos significados que os outros atribuem aos fatos ou eventos e não dos fatos ou eventos em si, ou seja, configura também o modo como os outros da relação vivenciam a realidade. Ao fazer essa apropriação, no entanto, o fazem de maneira singular, de acordo com sua experiência, com sua história. Então é possível dizer que no processo de significação o sujeito se apropria dos significados que a cultura confere a fatos ou eventos. (SOUZA; PETRONI; DUGNANI, 2015, p. 59)

Os coordenadores compreendem as demandas dos órgãos centrais, entendem seus significados. Mas, esses profissionais têm a capacidade de fazer a mediação entre tais demandas e o contexto espacial escolar. Os saberes experienciais, a concepção de formação, as teorias implícitas, as vivências, as relações, enfim, diversos são os fatores para a permanente constituição da subjetividade do profissional coordenador. Conferindo a ele capacidade de atribuir sentidos a essas demandas, ressignificando-as de maneira singular. Foi isso que fizeram os coordenadores entrevistados.

Assim, constatamos que a aceleração da fórmula "avaliação-problema-solução" cria uma circunstância desfavorável, que é o fechamento da escuta. Tudo passa a girar em torno de demandas e da solução de demandas; isso pode ser bom para o cumprimento de metas, mas, e as pessoas? Nesse cenário, qual espaço para se construir relações solidárias?

Relações solidárias na escola: significados e sentidos produzidos numa reunião de formação docente

Solidariedade é o "estado ou condição de duas ou mais pessoas que dividem igualmente entre si as responsabilidades de uma ação" (FERREIRA, 2000, p. 644). Visto dessa forma, ser solidário envolve criar junto com o outro e deixar-se afetar pelo outro; compartilhando não só suas opiniões e ideias, mas, principalmente, suas incertezas e confusões, suas incoerências e descaminhos. Portanto, um componente básico da solidariedade é escutar o outro.

Escutar e ouvir são fenômenos diferentes. *Ouvir* é uma faculdade sensorial e passiva, *escutar* exige receptividade, mas é, sobretudo, uma atividade. Escutar é uma disposição a reverberar, pontuar, ecoar, tensionar ou participar da fala do outro. A escuta requer silêncio, renúncia e coragem. Renúncia como suspensão provisória do que você pensa e sente a respeito do outro ou do que ele está dizendo acreditar, saber ou protestar. Silêncio para compreender o contexto do que é dito (ou não dito). Coragem, porque nem sempre o que o outro fala é agradável de ser ouvido.

A que tipo de escuta nos referimos? Aquela que ultrapassa a mera simpatia, a que cria a intimidade necessária para formar a empatia. Simpatia acontece quando sentimos que o outro gosta das mesmas coisas que nós, que ele faz as coisas como nós fazemos ou como gostaríamos de fazer. O simpático, portanto, é um "nós" ampliado. Mas, se na escola quisermos construir relações mais solidárias, é necessário passar da simpatia para a empatia.

Numas das reuniões de ATPC que observei[11], a coordenadora evidenciou por suas ações como a atitude solidária pode romper barreiras na comunicação. Era uma escola pública de Ensino Fundamental II e Médio, na região metropolitana de São Paulo. Na sala de reuniões estavam presentes 27 professores, que iriam participar de um encontro de duas horas. A coordenadora Karen havia preparado

---

11. A observação foi feita por Silva, uma das autoras deste texto, por isso, o relato será feito em 1ª pessoa do singular. A observação da ATPC relatada neste tópico foi uma etapa preliminar à coleta dos dados da pesquisa de Silva (2019).

uma pauta de formação, cujo objetivo era discutir com o grupo os resultados da avaliação institucional (AAP) realizada na escola. Ela entrega aos professores as provas dos alunos e um texto para discussão sobre os objetivos de uma avaliação diagnóstica. Ela afirma que estava preocupada, pois os resultados indicavam que os alunos apresentavam muitas defasagens em matemática. Nesse momento, uma das professoras se levanta e questiona à coordenadora: "olha, a gente precisa falar do Miguel; ele está cada vez mais impossível, não tá dando mais para dar aula no 9º A". Na sequência, outro professor dispara: "Se fosse somente ele estava bom, e o Guilherme? Para mim, o comportamento dele é pior". Seguiu-se uma enxurrada de comentários sobre indisciplina na escola. A discussão se estendeu e ocupou quase todo o tempo da reunião.

Lembro-me de que, naquele momento, pensei: "*os professores estão desperdiçando o horário do encontro*". Mas, Karen continuava a escutá-los, sem dizer uma única palavra; fui ficando aflita. Meu desejo era intervir e dizer algo do tipo: "*vocês estão desrespeitando a coordenadora, não estão levando em consideração todo o trabalho que ela teve para preparar a reunião*".

Durante todo tempo, Karen se mostrava impassível, até que, por fim, disse calmamente aos professores: "*eu os escutei por vinte minutos; vocês apresentaram problemas que estão enfrentando com a indisciplina dos alunos, eu concordo que algo precisa ser feito, mas eu não tenho a solução. No próximo encontro de ATPC, nós vamos juntos elaborar um plano de ação para lidar com essa situação. No entanto, para o encontro de hoje, eu preparei uma pauta que gostaria de compartilhar com vocês*". Diante disso, todos assentiram, fizeram silêncio para escutá-la e, ao mesmo tempo, participaram do restante da reunião de maneira implicada e colaborativa.

Fiquei intrigada com a mudança de comportamento do grupo. O que causou a ruptura das queixas e do conflito de opiniões? Ao final do encontro, conversei sobre este episódio com Karen; ela me disse: "*os professores normalmente saem da sala de aula e vão direto para reunião, mal dá tempo de comer, estão com a cabeça voltada para o que aconteceu na aula, eles querem falar, eles precisam falar*". A escuta fez a diferença.

Uma dificuldade típica do coordenador é ficar tão intensamente dedicado ao cumprimento de seu papel, a atender às expectativas "criadas por si mesmo" (ou por outros), que deixa de se preocupar com o que é realmente importante: o outro. Karen evidenciou empatia, ao compreender as circunstâncias dos professores; ainda que ela não tenha terminado de cumprir com todos os itens de sua pauta, pareceu-me que para ela as demandas da escola não podem sobrepujar as pessoas. Ela parecia saber que escutar não é jogar conversa fora e sim "jogar palavras para dentro".

O pedido de atenção feito por ela não foi entendido pelos professores como uma ordem. Aliás, esse é o sinônimo pior que pode haver para ser escutado, ou seja, ser obedecido. Talvez a afirmação de Karen: "eu escutei vocês por vinte minutos" tenha gerado no grupo um comportamento de retribuição. O fato é que atitudes como respeito, confiança e autoridade são conquistadas na relação e não devem ser exigidos. Se, por exemplo, um professor grita na classe: "Exijo que respeitem minha autoridade", ele está simplesmente declarando que não a tem. Um meio para conquistar tais sentimentos é simplesmente oferecendo-os ao outro.

Karen reagiu com prontidão, em atenção ao tempo da reunião e cuidando das contingências de um encontro que fugia aos tópicos de sua pauta. Ela se mostrou atenta para capturar as ansiedades do grupo; parecia entender que a verdadeira escuta começa com a solidariedade. Acolheu o ponto de vista dos professores, admitindo que tanto ela quanto eles não tinham as respostas prontas para o problema que se apresentava. A proposta da coordenadora foi criar juntos um plano de ação. De fato, escutar não é dar respostas prontas ou soluções.

Será que escutar é uma estratégia formativa? Não, mas é o componente imprescindível para qualquer etapa de um roteiro formativo bem-sucedido.

Algumas considerações finais

Na composição de nossa pesquisa (SILVA, 2019), percebemos que há estratégias formativas que favorecem as relações solidárias da escola, pois, entre suas atividades, há um maior predomínio para o ato de escutar, sobretudo a escuta de si. Dentre elas, destacamos os Ateliês Biográficos (DELORY-MOMBERGER, 2006); Seminário sobre História de Vida e Formação (JOSSO, 2002); Diário de Itinerância (ALMEIDA, SILVA e BONAFÉ, 2017) e Incidente Crítico (ALMEIDA, 2015).

Cada uma dessas estratégias requer uma série de atividades articuladas, nas quais a formação vai ocorrendo no processo. Um eixo comum a todas essas estratégias é a narrativa de si, ou seja, é um momento dedicado para o professor falar sobre si. "As narrativas ganham sentido e potencializam-se como processo de formação e de conhecimento porque têm na experiência sua base existencial" (JOSSO, 2002, p. 54). A organização e construção da narrativa de si implicam colocar o sujeito em contato com suas experiências formadoras, as quais são perspectivadas a partir daquilo que cada um viveu e vive, das simbolizações e subjetivações construídas. Por isso, "[...] para que uma experiência seja considerada formadora, é necessário falarmos sob o ângulo da aprendizagem" (idem, p. 34).

Estas estratégias mencionadas têm o potencial de mobilizar o grupo docente para refletir sobre suas experiências e suas práticas didáticas em sala de aula. A postura reflexiva permite ampliar a compreensão da ação, seus encadeamentos, sua complexidade. Permite ainda, pensar em abordagens de atuação diante de situações similares, o saber estratégico de que nos fala Shulman (2004).

Por fim ressaltamos que, seja qual for a estratégia formativa utilizada pelo coordenador pedagógico, o importante é que ele agregue a escuta, tal como discutimos neste texto. Mas, não é nossa prerrogativa que o CP limite-se ao escutar. É imprescindível o momento do dizer. Em outros trabalhos, Almeida (2017), apoiando-se nos estudos da psicologia rogeriana (1999), apresenta "maneiras de dizer" (por exemplo, a mensagem na 1ª pessoa). O dizer, em nossa perspectiva, ancora-se no diálogo. Quando há diálogo, as pessoas se escutam e fazem a palavra passar de um lugar para o outro, o que os linguistas chamam de passagem de turno. Quando o coordenador quer ficar com a fala só para si, prejudica o diálogo porque não passa o turno.

No diálogo é importante dosar a arte do silêncio e da escuta com a arte de colocar perguntas: "quando diz isso, eu entendo x, é isso mesmo?"; "o que quis dizer quando...?"; "o que entende por...?"; "o que pensou quando...?"; "como se sentiu...?". Como diz o poeta Mário Quintana: "A resposta certa não importa nada: o essencial é que as perguntas estejam certas" (2006, p. 157).

Por meio das perguntas, o dizer corta e edita a fala do outro, recria o dito em outra forma, de tal maneira que, no final, encontramos naquilo que foi dito algo a mais ou a menos do que se "queria dizer". Assim, há uma atitude mais compreensiva do dizer, que se orienta para a construção dos sentidos compartilhados (VIGOTSKI, 2000). Quando isso acontece, falar e escutar se complementam em um tempo de leitura. Ler no outro os efeitos de seu dizer. Ler em si os efeitos do seu dizer sobre o outro. Por fim, um caminhar com o outro, num ato solidário.

Referências

ALMEIDA, Laurinda R. Memórias de incidentes críticos como impulso para iniciar processos formativos. In: PLACCO, V. M. S. N.; ALMEIDA, L. R. (orgs.). *O coordenador pedagógico no espaço escolar: articulador, formador e transformador*. São Paulo: Loyola, 2015.

_____; SILVA, Jeanny M. S.; BONAFÉ, Elisa M. (orgs.). *Nossa itinerância por textos acadêmicos: a expressão da integração cognitivo-afetiva*. Campinas: Pontes Editores, 2017.

_____. O coordenador pedagógico e as relações interpessoais no ambiente escolar: entre acertos e desacertos. In: PLACCO, Vera M. N. S.; ALMEIDA, Laurinda R. (orgs.). *O coordenador pedagógico e a legitimidade de sua atuação*. São Paulo: Loyola, 2017.

AMARAL, Maria J.; et al. O papel do supervisor no desenvolvimento do professor reflexivo: estratégias de supervisão. In: ALARCÃO, Isabel, (org.) *Formação reflexiva de professores: estratégias de supervisão*. Porto: Porto Editora, 1996.

ANDRÉ, Marli. (org.). *Práticas inovadoras na formação de professores*. Campinas: Papirus, 2016.

BARBIER, Jean-Marie. *Formação de adultos e profissionalização: tendências e desafios*. Brasília: Liber Livro, 2013.

CARDOSO, Bia; LERNER, Délia; NOGUEIRA, Neide (orgs.) *Ensinar: tarefa para profissionais*. 2ª ed. Rio de Janeiro: Record, 2012.

DELORY-MOMBERGER, C. *Formação e socialização: os ateliês biográficos de projeto*. Educação e Pesquisa, São Paulo, v. 32, n. 2, pp. 359-371, maio/ago. 2006. Disponível em: <http://www.scielo.br/pdf/ep/v32n2/a11v32n2.pdf>.

FERREIRA, Aurélio B. H. *Miniaurélio Século XXI Escolar: O minidicionário da língua portuguesa*. 4ª ed. rev. ampliada. Rio de Janeiro: Nova Fronteira, 2000.

FREIRE, Paulo. *Educação e mudança*. 7ª ed. Rio de Janeiro: Paz e Terra, 1983.

GARCÍA, Carlos M. A formação de professores: novas perspectivas baseadas na investigação sobre o pensamento do professor. In: NÓVOA, Antônio. *Os professores e sua formação*. Lisboa: Dom Quixote, 1992.

IMBERNÓN, Francisco. *Formação docente e profissional: formar-se para a mudança e incerteza*. 9ª ed. São Paulo: Cortez, 2011.

JOSSO, M. C. *Experiências de vida e formação*. Lisboa: Educa, 2002.

JOVCHELOVICH, Sandra; BAUER, Martin W. Entrevista Narrativa. In: BAUER M. W; GASKELL, G. *Pesquisa qualitativa com texto, imagem e som: um manual prático*. Petrópolis: Vozes, 2002.

MOSCOSO, Javier N. Los métodos mixtos en la investigación en educación: hacia un uso reflexivo. *Cadernos de Pesquisa*, v. 47, n. 164, pp. 632-649, abr./jun. 2017.

PAQUAY, Léopold; PERRENOUD, P.; ALTET, M.; CHARLIER, M. (orgs.). *Formando professores profissionais: Quais estratégias? Quais competências?* 2.ed. rev. Porto Alegre: Artmed, 2001.

PLACCO, Vera M. N. S.; SOUZA, V. L. T. (orgs.). *Aprendizagem do adulto professor*. São Paulo: Loyola, 2006.

QUINTANA, Mário. *Caderno H*. 2ª ed. São Paulo: Globo, 2006.

ROGERS, Carl. R. *Tornar-se pessoa*. São Paulo: Martins Fontes, 1999.

ROLDÃO, Maria C. *Estratégias de ensino: o saber e o agir do professor*. Vila Nova de Gaia: Fundação Manoel Leão, 2010.

_____. Conhecimento, didática e compromisso: o triângulo virtuoso de uma profissionalidade em risco. *Cadernos de Pesquisa*. v. 47, n. 166, pp. 1134-1149 out./dez. 2017.

SHULMAN, Lee S. *The wisdom of practice: essas on teaching, learning, and learning to teach*. San Francisco: Jossey-Bass, 2004.

SILVA, Jeanny M. S. *Diferentes caminhos para formação docente estratégias empregadas por coordenadores pedagógicos*. Tese (Doutorado em Educação: Psicologia da Educação), Pontifícia Universidade Católica de São Paulo, São Paulo, 2019.

SOUZA, VERA L. T.; PETRONI, Ana P.; DUGNANI, Lilian A. C. A dimensão do trabalho coletivo na escola: intervenções com a equipe gestora. In:

PLACCO, V. M. N. S.; ALMEIDA, L. R. (orgs.). *O coordenador pedagógico no espaço escolar: articulador, formador e transformador*. São Paulo: Loyola, 2015.

VAILLANT, D. E. A.; MARCELLO GARCÍA, Carlos. *Ensinando a ensinar. As quatro etapas de uma aprendizagem*. Curitiba: UTFPR, 2012.

VASCONCELOS, Mª Lucia M. C.; BRITO, Regina H. P. *Conceitos de educação em Paulo Freire*. Petrópolis: Vozes, 2006.

VIGOTSKI, L. S. *A construção do pensamento e da linguagem*. São Paulo: Martins Fontes, 2000.

Ritos de passagem de professor iniciante a coordenador pedagógico: alteridade e solidariedade

Andreia Cristiane de Oliveira[1]
(andreia.prof.cristiane@outlook.com)

Simone Albuquerque da Rocha[2]
(sa.rocha@terra.com.br)

*É preciso viver: não somos torrões de argila
e o importante não é o que fazem de nós,
mas o que nós mesmos fazemos
com o que fizeram de nós.*
(Jean Paul Sartre, 2002, p. 61)

Introdução

Os estudos que focalizam o percurso inicial da docência no contexto da formação inicial e continuada de professores se intensificaram consideravelmente nos últimos anos, em conjunto com questões políticas, econômicas e sociais. De acordo com que nos apresentam Silva e Nunes (2016, p. 133), este período e marcado por "sentimentos e sensações como angústia, insegurança, fracasso,

---
1. Mestre em Educação pela Universidade Federal do Mato Grosso — UFMT, docente da rede pública estadual — SEDUC/MT.
2. Doutora em Educação pela Universidade Estadual Paulista Júlio de Mesquita Filho — UNESP/SP, professora e vice-coordenadora do Programa de Pós-graduação em Educação da Universidade Federal do Mato Grosso — PPGEdu/UFMT.

desmotivação". À medida que crescem vertiginosamente em número e evidências as pesquisas cujo objeto de investigação é o professor iniciante, cresce também a preocupação das instâncias responsáveis pela formação desse profissional que vivencia um momento caracterizado pelos estudiosos do tema como minimamente desafiador.

Levando em consideração o contexto do período inicial da docência e a promoção da articulação entre universidades e escolas, ainda em 2013, uma das iniciativas da Coordenação de Aperfeiçoamento de Pessoal de Nível Superior (CAPES) foi investir em programas que subsidiassem a formação científica dos estudantes, entre eles o OBEDUC/CAPES/INEP/SECADI. A exemplo desse programa, objetivava-se incentivar a inclusão de graduandos e professores iniciantes em ambientes de trabalho e pesquisa colaborativos, vinculados aos programas de pós-graduação, com o intuito de ampliar a produção acadêmica e científica sobre questões relacionadas à educação, possibilitar o aprimoramento profissional e coletivo, bem como estreitar as relações entre a comunidade acadêmica e as instituições de Educação Básica.

O programa Observatório da Educação na UFMT (OBEDUC) finalizou, após quatro anos, em março de 2017; no entanto, devido à solicitação dos docentes participantes, os encontros de formação prosseguiram, vinculados ao Grupo de Pesquisa InvestigAção. Embora o grupo ainda adote o nome inicial do projeto, há a possibilidade de alteração para FormEduc. Todavia, o OBEDUC/UFMT ficou como marca de uma formação duradoura que atende os professores em suas dificuldades. Daí se justifica sua longevidade, ainda que a proposta inicial tenha sido extinta. Por essa razão, entendemos que o projeto atende ao que preconiza Nóvoa (2019, p. 203), ao afirmar que "juntar universidades e escolas implica que umas e outras estejam dispostas a colaborar e a transformar-se, construindo processos de formação diretamente articulados com a pedagogia, a reflexão, a pesquisa, a escrita e a ação pública".

É neste contexto que se insere o presente capítulo, que decorre de pesquisa de mestrado vinculada ao Programa de Pós-graduação em Educação do Instituto de Ciências Humanas e Sociais da Universidade Federal de Mato Grosso — Campus Universitário de Rondonópolis

(PPGEdu/UFMT/CUR), na linha de pesquisa Formação de Professores e Políticas Públicas Educacionais, com foco na investigação de professores iniciantes que atuam na coordenação pedagógica em Rondonópolis, município do interior do estado de Mato Grosso.

Para este texto, buscamos discutir de que maneira se deu a passagem dos professores iniciantes para a coordenação pedagógica, tendo como objetivo desvelar vestígios de alteridade e solidariedade presentes nas relações interpessoais que se estabeleceram, a partir de sua inserção na nova função. Com esse foco, elencamos algumas questões como pontos de partida: Quais percepções tecem os professores iniciantes acerca dos seus primeiros momentos como coordenadores pedagógicos (CP)? Quais vestígios de alteridade e solidariedade são evidenciados nos relatos dos CP?

Face ao escopo da pesquisa, as entrevistas narrativas configuraram-se como a principal fonte de dados, por trazerem em si o pressuposto de que os participantes relatam de maneira significativa suas experiências e trajetórias, com o objetivo de possibilitar a compreensão do contexto em que tais experiências e trajetórias foram construídas, visto que, de acordo Weller e Zardo (2013, p. 133), "o ato de rememorar e a narração da experiência vivenciada de forma sequencial permitem acessar as perspectivas particulares de participantes, de forma natural".

Neste projeto, assumiu-se como iniciante o professor que, tendo concluído a graduação, inicia a carreira docente, quer seja como professor interino ou concursado, e encontra-se nos cinco primeiros anos de efetivo exercício da profissão. Por esses critérios, utilizou-se como recorte temporal os pressupostos de Tardif (2002, p. 82), visto que, de acordo com o autor, "as bases dos saberes profissionais parecem construir-se no início da carreira, entre os três e cinco primeiros anos de trabalho".

Para a pesquisa que originou o presente texto, foram selecionados cinco professores iniciantes das redes municipal (SEMED) e estadual (SEDUC/MT) de Rondonópolis/MT, segundo os critérios estabelecidos.

Pelos caminhos da pesquisa: a coordenação pedagógica vivenciada pelos professores iniciantes

Vaillant e Marcelo (2012, p. 15), em pesquisa que discute as aprendizagens de professores em início de carreira, expõem que, ainda que os entraves da carreira docente sejam os mesmos, independentemente da etapa da carreira em que os docentes se encontrem, os professores iniciantes enfrentam os dilemas com maior incerteza em função de sua inexperiência e despreparo. Os autores problematizam que "o papel do docente se transformou porque este se vê obrigado a assumir um maior acúmulo de responsabilidades, assim como pelo aumento das exigências às quais se encontra submetido".

Nesta perspectiva, compreendemos que os desafios que permeiam a inserção docente são potencializados a partir do momento em que o professor iniciante assume a gestão escolar, especificamente como coordenador pedagógico, visto que a função é marcada pela multiplicidade de atribuições e que, não raro, o professor iniciante ainda é míope com relação às dinâmicas que se desencadeiam na escola.

Groppo e Almeida (2015) afirmam que o início na nova função é árduo para muitos coordenadores, caracterizando-o como um momento de turbulência afetiva, ou duplo "choque com a realidade", pois

> Acostumados a cuidar da sua própria sala de aula, passam a conviver com uma diversidade imensa de obrigações e a visualizar não somente a sua classe, mas também o conjunto de classes de uma escola, com toda a sua complexidade, inserida em um sistema escolar mais amplo. (GROPPO; ALMEIDA, 2015, p. 94)

Somam-se, aos problemas emocionais do início da carreira, as questões da formação inicial e continuada dos professores, apontadas por Franco (2008) e Placco, Almeida e Souza (2011) como um dos maiores desafios da função de coordenação a ser superado pelos novos CP. As autoras problematizam que a maioria dos coordenadores, com raras exceções, não foram formados para tal atuação; formaram-se professores em diversas áreas de conhecimento e participaram de processo seletivo promovidos pelas secretarias de educação das redes em que atuam, sendo envolvidos imediatamente pelas urgências do cotidiano em projetos pedagógicos específicos ou atendendo a requisições pontuais da direção da escola.

De acordo com Placco, Almeida e Souza, (2011) e Franco (2016), as pesquisas demonstram que não há muita clareza quanto à percepção dos professores acerca das funções executadas pelos CP e sua intencionalidade. Por essa afirmação, conclui-se que, na prática, discurso e ação parecem se chocar, deixando o CP confuso, na medida em que ele também quer se encaixar em um papel. O que falta, neste caso, é a clareza de que papel ele deve desempenhar.

Os conflitos vivenciados pelo CP são potencializados porque, na escola, ele é o professor, e, no caso da pesquisa em questão, é o professor iniciante, sem experiência, sendo coordenador, com responsabilidade de atender tanto os professores, os alunos, os pais, quanto o diretor; concomitante a isso, constituir-se professor e coordenador, nesse processo.

O conflito, na verdade, se instala, na dualidade de assessorar o diretor nas tarefas burocráticas quando ele CP, teoricamente, deveria estar a serviço do pedagógico e do atendimento ao professor, que o vê como profissional capaz de resolver todas as suas inquietações. Conforme asseguram Placco (1994) e Fernandes (1997), ter um papel claramente definido para a sua atuação parece ser a condição essencial para o bom desenvolvimento do seu trabalho.

As relações entre os profissionais se estabelecem, via de regra, de forma tempestuosa, marcadas pelo espontaneísmo, o que situa o CP em um papel indefinido, ora de reprodutor das decisões tomadas em instâncias superiores, ora de mediador das ações educativas normatizadas justamente por essas decisões. Fernandes (1997, p. 117) articula que, paralelo a essas demandas, ainda há "a expectativa declarada de que ele seja um elemento criativo, com iniciativa, dinâmico, a fim de encontrar momentos adequados para agir e provocar o trabalho cooperativo dos professores".

Partindo da premissa da mediação, o coordenador pedagógico tanto atua como legitimador do poder dos grupos dominantes, transcritos na forma de políticas públicas, quanto desempenha papel de fomentador de análise crítica das mesmas políticas, no sentido de desvelar as fragilidades das concepções que o coletivo apresenta acerca das diretrizes que regulamentam o espaço educativo.

Em Mato Grosso, na rede pública estadual, evidenciou-se que a legislação favorece que professores em início de carreira assumam a função de CP, visto que não há impedimento nas Portarias e/ou Instruções Normativas que regulamentam a investidura à função, que acontece anualmente nas unidades escolares, sendo exigido apenas que o professor seja concursado, não havendo exigência quanto à formação inicial necessária. Porém, é especificada na legislação a preferência por professores concursados estáveis, ou seja, que já tenham passado pelo período probatório de três anos. Somente na ausência de candidatos com esse perfil é que os professores não estáveis, ou seja, professores concursados em período probatório, podem se candidatar à função.

Em Rondonópolis, município no qual foi desenvolvida a pesquisa que deu origem a este capítulo, a legislação preconiza que o professor, ao pleitear a vaga para coordenador pedagógico, seja, preferencialmente, licenciado em Pedagogia, porém não há especificação quanto ao tempo mínimo de experiência na docência. Na ausência de candidatos com esse perfil de formação, abre-se a possibilidade de candidatura aos professores de outras licenciaturas.

De posse dessas informações, a fase exploratória da pesquisa consistiu no mapeamento dos CP das redes estadual e municipal atuantes em Rondonópolis, tendo como indicadores a formação inicial, o tempo de docência e o tempo de exercício na coordenação. Na rede municipal, 56 coordenadores pedagógicos responderam ao questionário, totalizando 62% do total de coordenadores em exercício. Na rede estadual, este levantamento inicial apresentou maior alcance, visto que 71 dos 74 coordenadores em exercício respondeu o questionário, totalizando 96%.

Deste mapeamento inicial, resultaram os seguintes dados: na rede municipal, 80% dos coordenadores em exercício são licenciados em Pedagogia Observou-se que a predominância de licenciados em Pedagogia se dá nas escolas que ofertam exclusivamente a Educação Infantil e anos inicias do Ensino Fundamental, modalidades que são ofertadas unicamente pela rede municipal, no que tange à Educação Infantil, e, preferencialmente, no que se refere aos anos iniciais.

Na rede estadual, observa-se que, apesar de não existir normatização acerca da formação inicial do professor que assume a coordenação pedagógica, o maior número ainda é de pedagogos, mesmo que esse número não seja muito expressivo, visto que dos 71 CP, somente 17 são licenciados em Pedagogia, ou seja, 20% do total de coordenadores em atuação.

Quanto ao tempo de docência, na rede municipal, os professores iniciantes, ou seja, com tempo de docência inferior a 5 anos, totalizam 13%, ou seja, 7 coordenadores nesta condição. O mesmo indicador apresentou apenas 4% de representatividade, na rede estadual, ou seja, apenas 3 professores que atuam na coordenação pedagógica estão na fase inicial da docência. O gráfico abaixo representa os dados mapeados com base nesse indicador.

Gráfico 1. Perfil dos coordenadores pedagógicos em exercício no município de Rondonópolis quanto ao tempo de docência

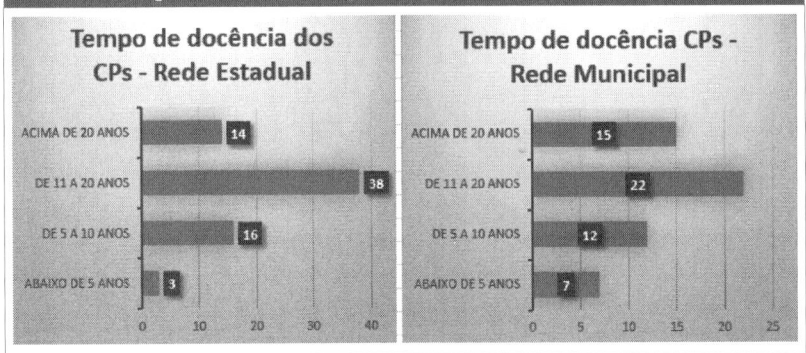

Tempo de docência dos CPs - Rede Estadual		Tempo de docência CPs - Rede Municipal	
ACIMA DE 20 ANOS	14	ACIMA DE 20 ANOS	15
DE 11 A 20 ANOS	38	DE 11 A 20 ANOS	22
DE 5 A 10 ANOS	16	DE 5 A 10 ANOS	12
ABAIXO DE 5 ANOS	3	ABAIXO DE 5 ANOS	7

Fonte: Elaborado pelas autoras.

Franco (2016, p. 27) argumenta que cabe aos CP "[...] instaurar, incentivar, produzir constantemente um processo reflexivo, prudente, sobre todas as ações da escola, com vistas à produção de transformações nas práticas cotidianas". Entretanto, essas ações, imersas na tarefa de coordenar o pedagógico, são no mínimo desafiadoras aos professores iniciantes que atuam na coordenação pedagógica, quer seja pela ausência de experiência na docência e na coordenação, quer por implicações da fragilidade da sua formação inicial, ou até mesmo pela falta de preparação para assumir a função.

Com relação ao tempo de atuação na coordenação pedagógica, na rede municipal, 37% dos coordenadores apresentaram experiência inferior a 1 ano de atuação, contra 52% da rede estadual.

Os dados são contundentes, e, na perspectiva dos professores iniciantes, foco desta investigação, apropriamo-nos dos estudos de Herculano (2016), ao expor que o coordenador inexperiente conduz sua prática a partir de sua experiência como professor; no entanto, não possui experiência, ou possui pouca, como coordenador. Os coordenadores com alguma ou muita experiência trazem, de seu repertório na coordenação, elementos que favorecem sua prática.

Almeida Oliveira (2018, p. 31) analisa, em suas pesquisas, que o período inicial na mudança de função traz situações em que as práticas estabelecidas são "desestruturadas", sendo necessário ressignificá-las. A autora destaca ainda "(...) que essa inserção e o modo como ocorrem essas experiências iniciais são marcadas pelas condições de exercício da profissão que são oferecidas a esse profissional". Estes aspectos foram evidenciados nos relatos dos participantes, que serão posteriormente apresentados.

A partir deste mapeamento, foram selecionados os participantes da pesquisa, que apresentaram o perfil exposto no quadro a seguir:

Quadro 1. Perfil dos CP participantes da pesquisa					
	Idade	Formação	Rede em que atua	Tempo de docência	Tempo de CP
Anne	29 anos	Pedagogia/Pós em Ed. Infantil	Municipal	4 anos	7 meses
Luna	56 anos	Pedagogia/Mestrado em Educação	Municipal	3 anos	1 ano e 8 meses
Paulo	29 anos	Filosofia/Pós em Metodologia do Ensino de Filosofia, Sociologia e Religião	Estadual	4 anos	3 meses

continuação...

Quadro 1. Perfil dos CP participantes da pesquisa

	Idade	Formação	Rede em que atua	Tempo de docência	Tempo de CP
Ronaldo	35 anos	Geografia/Pós em Psicopedagogia	Estadual	4 anos e meio	3 anos e meio
Tatiane	30 anos	Ed. Física/Mestrado e Doutorado em Educação	Estadual	3 anos e 8 meses	6 meses

Fonte: Elaborado pelas autoras.

Após o mapeamento e a seleção dos participantes, foram realizadas as entrevistas narrativas que compuseram os eixos de análise propostos na investigação. Para este texto, em específico, foram novamente analisados os excertos dos CP, com intuito de analisar, em seus relatos, aspectos concernentes às relações interpessoais estabelecidas em seus primeiros momentos como coordenadores pedagógicos e desvelar quais vestígios de alteridade e solidariedade são evidenciados em suas narrativas.

O professor iniciante e os ritos de passagem da docência para a coordenação pedagógica: o eu, o outro, os nós

Tendo em vista que alteridade e solidariedade são dois conceitos que não se dissociam, ao fazermos referência ao eu, o outro e ao nós, nos reportamos ao conceito de alteridade proposto por Pereira et al. (2009), que a definem como algo que

> [...] não se limita à consciência da existência do outro, nem tampouco se reduz ao diferente, mas comporta também o estranhamento e o pertencimento. O outro é o lugar da busca de sentido e da condição de existência e, simultaneamente, o lugar da incompletude e da provisoriedade. (PEREIRA et al., 2009, p. 5)

Na perspectiva do conceito supracitado, situamos neste texto o CP que é o professor em início de carreira, que vive o seu cotidiano transitando entre os passos iniciais da docência e os desafios da coordenação pedagógica. Para esse percurso, infere-se que, ao assumir o dialogismo e a alteridade como princípios que norteiam sua atuação, o CP poderá possibilitar um movimento de reciprocidade que permeará as relações interpessoais estabelecidas em contextos escolares.

Conforme enfatizam Groppo e Almeida (2015), os primeiros passos do professor que adentra a função de coordenação podem acarretar uma miscelânea contraditória de sentimentos, os quais marcam o momento em que ele se depara com a nova realidade, e pondera-se que esse processo ocorre independente do tempo de experiência na docência que o professor possua. Dessa forma, por esse entendimento da contradição de sentimentos, buscamos evidenciar, por meio das narrativas dos participantes, de que maneira se deu a sua passagem para a coordenação pedagógica, no intuito de desvelar vestígios de alteridade e solidariedade presentes nas relações interpessoais que se estabeleceram a partir de sua inserção na nova função.

As narrativas dos CP denominados para a pesquisa como Anne, Luna e Paulo chamam a atenção, por serem relatos do cotidiano que os coordenadores enfrentam nas escolas, quanto aos sentimentos vivenciados nos primeiros momentos na coordenação

> *Me doeu muito, na primeira atividade da semana pedagógica; enquanto coordenadoras, nós tentamos fazer uma dinâmica; uma pessoa não se levantou para participar da dinâmica, outra saiu. Então eu vi aquele olhar de menosprezo, e ouvi dizer que eu não iria dar conta, que ia entregar o cargo, que era muito preocupante o posicionamento da equipe, porque estavam elegendo uma professora iniciante, que não tem bagagem para agregar em nada.* (Entrevista, CP Anne, 2019)

Acerca disso, Davis et al. (2012, p. 17) expõem que "[...] quando o coordenador é eleito por voto dos professores, nem sempre os descontentes aceitam sua liderança, notadamente quando ele carece de formação inicial sólida e/ou experiência de ensino". O fator "falta de experiência" ou, como mencionado por Anne, a "falta de bagagem", configuraram-se como entrave na sua aceitação pela equipe.

Ao analisarmos o relato de Anne, torna-se evidente que as atitudes de alguns professores vão além do descontentamento com relação à sua liderança. Sua narrativa expressa a ausência de alteridade nas relações que se desencadearam quando da sua assunção à função, tendo em vista que a alteridade apenas se expressa em situações de coletividade.

Anne ainda declara que as atividades relacionais com a equipe docente, principalmente com os mais experientes, foram desafiadoras, quando iniciou suas atividades na coordenação pedagógica. Na narrativa abaixo, ela demonstra quão desafiador é conquistar o respeito dos professores mais experientes

> *Uma frase que falaram para mim me marcou "ah, mas você tá começando agora, você vai descer dessa nuvem que você está e vai ver o que é a realidade". Então é assim, o desafio é provar que você tem capacidade não só para exercer sua profissão como coordenadora, mas para fazer com que os seus pares te respeitem.* (Entrevista, CP Anne, 2019)

Não podemos esquecer que todo professor experiente, um dia, passou pelo processo inicial da docência, em que impera a necessidade de demonstrar que possui capacidade para atuar na função. Assim pensando, podemos depreender que essa resistência, a ausência de um olhar mais solidarizado para a colega de profissão, em outras palavras, deve-se ao fato de que o CP é visto pelo professor como aquele que, grosso modo, estará em constante confronto com sua forma de atuar, questionando-o e exigindo pronta resposta. Nesse sentido, é natural que os professores se identifiquem de uma maneira mais positiva com um CP que tenha mais experiência que ele próprio, na docência.

De acordo com Silva, Rabelo e Almeida (2017, p. 96) "no movimento de viver com o outro, o coordenador pedagógico realiza um verdadeiro malabarismo para poder dar conta dos diferentes grupos que atende". O primeiro passo para a construção e o refinamento das relações interpessoais, neste caso, é que se estabeleçam os laços que darão condições ao CP de mediar os confrontos, conflitos e desentendimentos que permeiam as relações que se estabelecem em contextos escolares.

A CP Luna relata que, quando assumiu a coordenação pedagógica, ainda que sendo professora iniciante, com apenas um ano de atuação na docência, não houve orientação nem da equipe gestora, tampouco da secretaria de educação da rede à qual está vinculada:

> *Para te falar a verdade eu aprendi mesmo sofrendo, aprendi na base de sofrimento porque ninguém chegou e disse você tem que fazer isso você tem que fazer aquilo, ou tampouco a SEMED falou: vamos ter hoje uma formação só para os coordenadores, quando eu entrei. Então, no dia a dia, você vai aprimorando daqui e dali, tem que ter muito desprendimento voluntário, senão você não consegue.* (Entrevista, CP Luna, 2019)

Ainda que não tenha recebido da instância responsável os subsídios necessários para sua atuação, relata que não houve, por parte da equipe docente, qualquer resistência, ao assumir a função de CP

> *Eu tenho notado assim que eles me respeitam bastante. Não houve uma resistência pelo fato de eu ter menos experiência; muito pelo contrário, elas me respeitam muito. Elas me têm como um porto seguro.* (Entrevista, CP Luna, 2019)

Em sua entrevista narrativa, Luna ainda expressa que, em sua rotina diária, destina maior tempo ao acompanhamento dos professores iniciantes, pois, segundo ela, é necessário ter "um olhar diferenciado". Relata que, no início da docência, não recebeu esse mesmo cuidado por parte da equipe gestora, e que, por esse fator, considera o acolhimento aos iniciantes muito importante, por entender que eles necessitam mais da sua orientação do que os professores experientes.

Pela narrativa, ficam claros os vestígios de alteridade e solidariedade que buscamos enfatizar, uma vez que a CP buscou, em suas vivências, aspectos que a subsidiaram para que atuasse de uma maneira mais próxima aos professores iniciantes. Essa ação nos remete de volta ao excerto em epígrafe, no início do texto, em que Sartre (2000, p. 61) enfatiza que "o importante não é o que fazem de nós, mas o que nós mesmos fazemos com o que fizeram de nós".

Esse "encontro" entre CP e docente, quando ambos assumem uma postura solidária, acaba por produzir, em linhas gerais, a possibilidade de que se alterem os modos de ver o outro e a si próprio, em um movimento transcendente, em que os indivíduos são capazes de viver a alteridade, tal como definida por Abbagnano (1998, p. 35): "ser o outro, colocar-se como o outro ou constituir-se como o outro".

Em se tratando do CP Paulo, que assumiu a coordenação em uma escola diferente da que exercia a docência, as possibilidades de rejeição e sentimentos negativos por parte da equipe já constituída na escola se potencializam, visto que, em alguns casos, o CP que chega tenta imprimir na escola uma forma de trabalho que pode apresentar divergência com relação à maneira como as ações eram conduzidas antes de sua chegada.

> *A minha inserção na escola foi um pouco complicada, à princípio porque havia uma outra professora que atuava na escola de longa data e, por alguns impedimentos legais, ela não pode assumir. Então, ela não se conformou muito bem com isso e tentou de algumas maneiras boicotar minha entrada. Em um primeiro momento, eu tive grandes dificuldades com relação à confiabilidade deles em relação ao meu trabalho. Então, eu tive que construir, porque era muito frágil a confiabilidade deles com relação a mim.* (Entrevista, CP Paulo, 2019)

Pereira e Placco (2018, p. 99) descrevem a confiança como algo que se direciona para a "entrega de cuidados, colocar algo sob a guarda de uma pessoa, entregar uma responsabilidade a alguém". Essa perspectiva nos remete ao conceito de alteridade que Costa e Caetano (2014) apresentam, com base no pensamento de Emmanuel Lévinas, para quem a alteridade, na contemporaneidade, é um dos principais fatores na busca de uma convivência mais humana em sociedade, em que cada um deve ter responsabilidade pelo próximo.

Pereira e Placco (2018) inferem ainda que

> [...] confiar é uma palavra importante quando pensamos no papel formador do Coordenador Pedagógico, visto que, em certa medida, quando dizemos que ele tem uma função formadora, torna-se responsável por zelar pelo desenvolvimento profissional dos professores. E, para que isso seja possível, é preciso que haja

um nível mínimo de confiança profissional entre coordenadores e professores, para que se construa o engajamento e a confiança necessários à reflexão sobre/nas/das prática escolares que sustentam essa relação. (PEREIRA; PLACCO, 2018, p. 99)

No mesmo entendimento dos autores, Almeida (2019, p. 21), ao considerar a escola como um espaço para conhecimento, convivência e representação do mundo, delega à confiança um lugar de destaque nas relações humanas, definindo-a como algo que depende "do seu acolhimento, dos vínculos que se preocupa em tecer, da compreensão e da abertura à experiência do outro".

É perceptível, nos relatos dos três CP, que, nos primeiros momentos de sua atuação, vivenciaram situações conflitantes e desafiadoras, porque, para além de todas as inquietações da nova função, precisam ainda se ambientar, como o relato de Anne bem expressa, com a falta de acolhimento e respaldo dos pares, bem como da instituição, expresso no relato de Luna, ou a necessidade de conquistar a confiança dos pares, evidenciada na narrativa de Paulo.

De acordo com Groppo e Almeida (2015, p. 98), os sentimentos iniciais vividos pelos professores, no momento de transição para a coordenação pedagógica, são marcados pela confiança e o entusiasmo, uma vez que acreditam na realização de uma boa ação para a escola e possuem a percepção de que podem inovar nos processos pedagógicos.

Afirmam as autoras que os CP iniciantes "em seu entusiasmo, construíram a escola ideal, com a certeza de que seria possível alcançá-la" (id., ibid.). Ocorre que os professores se preparam para assumir a coordenação, para o processo de aprovação dos pares, sem considerar, de fato, as atribuições de um CP, e que necessitam minimamente conhecer as políticas públicas de gestão e organização da escola.

No processo de se constituir coordenador, os sentimentos tendem a ser logo substituídos pela solidão ou mesmo um certo abandono, que fica explícito na narrativa de Luna, ou de frustração, descrença e decepção, como no relato de Anne e Paulo.

Em contraponto à má recepção de Anne e Paulo, os outros dois CP, Ronaldo e Tatiane, narram que foram bem recebidos tanto pela equipe gestora quanto pelos demais profissionais da escola. Em seus relatos, mencionam

> Pra mim não tive pontos negativos não, a maioria votou em mim, eles abraçaram a ideia tanto na coordenação quanto na formação, de que a coordenação não se faz sozinha, precisa de todo mundo. Então, eles me ajudaram muito e crescemos juntos. (Entrevista, CP Ronaldo, 2019)
> Eu me senti muito acolhida pela equipe, e tanto a outra coordenadora quanto o diretor foram me ensinando muitas coisas. (Entrevista, CP Tatiane, 2019)

Groppo e Almeida (2015, p. 101) destacam que esses sentimentos, de tonalidades agradáveis ou não, bem como as situações indutoras desses sentimentos "referem-se ao acolhimento concedido ao recém-chegado, ao comprometimento da equipe docente no processo de formação e às situações de conflitos entre os envolvidos na unidade escolar".

Nos relatos dos CP Ronaldo e Tatiane, percebe-se que o acolhimento da equipe lhes proporcionou sentimentos positivos, fazendo com que se sentissem mais à vontade, nos primeiros momentos na coordenação, principalmente quando pontuam as questões de crescimento coletivo e aprendizagem da função.

Algumas considerações

A pesquisa revela que cada CP investigado, ainda que estivessem todos na mesma condição de professor iniciante, vivenciou a travessia para a coordenação pedagógica de maneira singular. Dessa forma, ao longo de sua atuação, foram tecidos os movimentos que significaram a sua prática, marcada pelos aspectos objetivos e subjetivos de sua atuação. Nessa perspectiva, ao serem inseridos na nova função, sendo iniciantes na docência e também na coordenação pedagógica, os CP enfrentam todos os dilemas e desafios impostos pelo excesso de demandas institucionais, pela não aceitação dos pares, pelas dificuldades da organização da coletividade e do acompanhamento aos professores mais experientes.

Ao buscar responder aos questionamentos iniciais elencados para este texto, à luz do referencial teórico apresentado e com base nos relatos dos CP, foi possível identificar alguns vestígios de alteridade e de solidariedade presentes nas relações interpessoais que se estabeleceram a partir de sua inserção na nova função, principalmente na narrativa da CP Luna.

Tendo como parâmetro a solidariedade, subjacente às relações interpessoais nos contextos escolares, entendemos que, quando tais relações são marcadas pela alteridade, o professor não somente espera do CP que ele apresente soluções prontas para as situações que emergem das ações pedagógicas por ele desenvolvidas, mas, antes, auxilia-o, fortalecendo assim as interações nos momentos de mediação do CP.

É passível que o CP e o professor, imbuídos do caráter reflexivo necessário para o desencadeamento das ações pedagógicas, negociem e pensem juntos em suas necessidades e proponham soluções conjuntas, com vistas a possibilitar a organização da coletividade e a execução do projeto pedagógico da unidade escolar.

Referências

ABBAGNANO, Nicola. *Dicionário de Filosofia*. 3. ed. São Paulo: Martins Fontes, 1998, p. 35.

ALMEIDA, Laurinda R. Qual é o pedagógico do coordenador pedagógico? In: ALMEIDA, Laurinda Ramalho; PLACCO, Vera Maria Nigro de Souza (orgs.). *O coordenador pedagógico e seus percursos formativos*. São Paulo: Loyola, 2018, pp. 17-34.

_____. A escola, espaço para conhecimento, convivência e representação do mundo. In: PLACCO, Vera Maria Nigro de Souza; ALMEIDA, Laurinda Ramalho (orgs.). *O coordenador pedagógico e questões emergentes na escola*. São Paulo: Loyola, 2019.

COSTA, Juliano X. da S.; CAETANO, Renato F. A concepção de alteridade em Lévinas: caminhos para uma formação mais humana no mundo contemporâneo. *Revista Eletrônica Igarapé*, n. 03, Maio de 2014. Disponível em: <http://www.periodicos.unir.br/index.php/igarape>. Acesso em: 26 abr. 2020.

DAVIS, et al. *Formação continuada de professores: uma análise das modalidades e das práticas em estados e municípios brasileiros*. Claudia L. F.

Davis, Marina Muniz R. Nunes, Patrícia C. Albieri de Almeida, Ana Paula Ferreira da Silva, Juliana Cedro de Souza, São Paulo: FCC/DPE, 2012.

FERNANDES, Marileusa M. A opção da supervisão diante da ambivalência. In: SILVA JÚNIOR, Celestino A.; RANGEL, Mary. (org.) *Nove olhares sobre a supervisão*. Campinas: Papirus, 1997, pp. 112-122.

FRANCO, Maria A. S. Coordenação Pedagógica: uma práxis em busca de sua identidade. *Revista Múltiplas Leituras*, v. 1, n. 1, jan./jun. 2008, pp. 117-131.

_____. Da pedagogia à coordenação pedagógica: um caminho a ser redesenhado. In: FRANCO, Maria A. S.; CAMPOS, Elisabete F. E. (orgs.). *A coordenação do trabalho pedagógico na escola: processos e práticas*. [e-book]. Santos: Editora Universitária Leopoldianum, 2016, pp. 17-31.

GROPPO, Cristiane; ALMEIDA, Laurinda R. Passagem de professor a professor coordenador: o choque com a realidade. In: ALMEIDA, Laurinda R. de; PLACCO, Vera M. N. de S. (orgs.). *O coordenador pedagógico e a formação centrada na escola*. São Paulo: Loyola, 2015, pp. 93-108.

HERCULANO, Silvia C. *Adentrando os espaços de aprendizagem da coordenação pedagógica: um estudo na perspectiva da psicogenética walloniana*, 2016, 150 f. Mestrado em Educação (Psicologia da Educação) Pontifícia Universidade Católica de São Paulo, PUC-SP: 2016.

NÓVOA, A. Entre a formação e a profissão: ensaio sobre o modo como nos tornamos professores. *Revista Currículo sem Fronteiras*, v. 19, n. 1, jan./abr. 2019, pp. 198-208.

OLIVEIRA, Elisa V. A. *A transição do coordenador pedagógico do Ensino Fundamental para a Educação Infantil: desafios do período inicial da mudança de segmento*, 2018, 126 s. Dissertação (Mestrado Profissional em Educação). Pontifícia Universidade Católica de São Paulo, PUC-SP, 2018.

PLACCO, Vera Maria Nigro de Souza. *Formação e prática do educador e do orientador: confrontos e questionamentos*. Campinas: Papirus, 1994.

PLACCO, Vera M. N. S.; ALMEIDA, Laurinda R.; SOUZA, Vera L. T. *O coordenador pedagógico e a formação de professores: intenções, tensões e contradições*. Relatório de pesquisa desenvolvido pela Fundação Carlos Chagas, por encomenda da Fundação Victor Civita. São Paulo: FVC, 2011.

PLACCO, Vera M. N. de S.; SOUZA, Vera L. T.; ALMEIDA, Laurinda R. de. O coordenador pedagógico: aportes à proposição de políticas públicas. In: *Cadernos de Pesquisa* v. 2, n. 147, set./dez. 2012, pp. 754-771.

PEREIRA, Marisa Ribes; SALGADO, Raquel Gonçalves; SOUZA, Solange Jobim. Pesquisador e criança: dialogismo e alteridade na produção da infância contemporânea. *Cadernos de Pesquisa*, v. 39, 2009, pp. 1019-1035.

PEREIRA, Rodnei; PLACCO, Vera M. N. de S. Mapear os conhecimentos prévios e as necessidades formativas dos professores: uma especificidade do trabalho das Coordenadoras Pedagógicas. In: ALMEIDA, Laurinda Ramalho;

PLACCO, Vera Maria Nigro de Souza (orgs.). *O coordenador pedagógico e seus percursos formativos*. São Paulo: Loyola, 2018, pp. 81-102.

SARTRE, Jean P. *Crítica da razão dialética: precedido por questões de método*. Rio de Janeiro: DP&A, 2002. (Original publicado em 1957).

SILVA, Jeanny M. S.; RABELLO, Kátia M.; ALMEIDA, Laurinda R. As relações nos contextos escolares: as várias faces do jogo coletivo. In: PLACCO, Vera M. N. de S.; ALMEIDA, Laurinda R. de (orgs.) *O coordenador pedagógico e a legitimidade de sua atuação*. São Paulo: Loyola, 2017, pp. 95-116.

TARDIF, M. *Saberes docentes e formação profissional*. Petrópolis: Vozes, 2002.

VAILLANT, Denise; MARCELO, Carlos. *Ensinando a Ensinar: as quatro etapas de uma aprendizagem*. 1. ed. Curitiba: UTFPR, 2012.

WELLER, Wivian; ZARDO, Sinara P. Entrevista narrativa com especialistas: aportes metodológicos e exemplificação. *Revista da FAEEBA — Educação e Contemporaneidade*, Salvador, v. 22, n. 40, jul./dez. 2013, pp. 131-143.

O coordenador pedagógico e sua constituição profissional: marcas deixadas pelas relações vividas

Simone Pannocchia Tahan[1]
(simone@parthenonplus.com)
Vera Maria Nigro de Souza Placco[2]
(veraplacco7@gmail.com)

> *[...] enquanto não se conceber os professores como um adulto em formação, uma pessoa plena de experiências, com capacidade para refletir sobre si, e que tem muito mais para nos contar sobre a escola do que a produção científica atual dispõe sobre o tema, não se avançará, suficientemente, quanto à compreensão das relações que se estabelecem entre formandos e seu processo de formação.*
>
> (Maria da Conceição Passeggi)

---

1. Mestra em Educação: Formação de Formadores pela Pontifícia Universidade Católica de São Paulo, no Programas de Estudos Pós-graduados em Educação. Formação de Professores. Pesquisadora vinculada ao grupo de pesquisa Contexto Escolar, Processos Identitários, na Formação de Professores e Alunos da Educação Básica (CEPId).
2. Doutora em Educação: Psicologia da Educação, docente na Pontifícia Universidade Católica de São Paulo, no Programas de Estudos Pós-graduados em Educação: Psicologia da Educação e Educação: Formação de Professores. Coordena o grupo de pesquisa Contexto Escolar, Processos Identitários, na Formação de Professores e Alunos da Educação Básica (CEPId).

Introdução

Como será que se constitui um coordenador pedagógico? Em que momento essa formação inicia-se? Esses questionamentos parecem-nos extremamente óbvios, sem haver necessidade de sequer elaborar questões sobre essa natureza. É de conhecimento recorrente que o coordenador forma-se pelos anos de docência que experienciou — na maioria das vezes, esse profissional, antes de exercer a função de coordenador pedagógico, trabalhou como professor — pelos cursos de extensão, estudos e, também, pelas experiências vividas no cotidiano escolar.

Tardif (2014), nesse sentido, aponta a relevância dos saberes relacionados à experiência na constituição do profissional da educação, assim como os saberes relacionados à formação acadêmica, à interação entre pares e ao saber experiencial. Saberes que o autor apresenta de forma distinta; porém, declara que essa separação é só para efeito de compreensão — os saberes acontecem simultaneamente e por toda a vida.

Da mesma forma, Placco e Souza (2016) explicitam a multiplicidade de fatores que compõem a formação docente. Aliada à diversidade apresentada, as autoras esclarecem que se trata de um processo complexo que não tem tempo determinado para acabar e que está em constante movimento.

Arroyo traz mais um elemento para a reflexão inicial: o fato de a formação docente ter seu início nos bancos da escola, enquanto aluno, no pátio da infância, no pátio da escola, nas salas de aula e nas vivências de aluno, como ele denomina esse período. "Lembrar dos tempos de escola é lidar com tempos de nossa formação", completa o autor (ARROYO, 2014, p. 240).

É consenso entre os autores citados a diversidade de aspectos que estão presentes na constituição profissional docente, neste caso, o coordenador pedagógico, e também a relação existente entre esses aspectos. No intuito de inserir um elemento a mais na reflexão acerca dessa constituição, este artigo apresenta um recorte de uma pesquisa-formação que possibilita ao coordenador, por meio de narrativas de experiências de vida, ressignificar e identificar as marcas das experiências vividas em sua formação profissional.

Essa pesquisa foi desenvolvida no programa de pós-graduação do Mestrado Profissional em Educação — Formação de Formadores — na PUC-SP[3] — e utiliza, como dispositivos de formação, narrativas de experiências de coordenadores pedagógicos de diferentes segmentos da escolaridade básica (Ensino Fundamental e Ensino Médio), sendo orientada pela Dra. Profa. Vera Maria Nigro de Souza Placco.

1. Pesquisa-formação: questões epistemológicas e metodológicas

Quais experiências provenientes da história de vida do coordenador pedagógico são incorporadas em sua constituição profissional? Em que medida esse profissional reconhece essas experiências como constituintes do profissional que ele é, no presente?

Dentre as possibilidades teóricas existentes para a busca de caminhos para essas questões, este artigo pauta-se em uma das orientações do movimento (auto)biográfico, no Brasil, apresentado por Passeggi e Souza (2017, p. 10), que é:

> a utilização das narrativas como fonte e método de investigação qualitativa, indagando-se sobre práticas sociais, não apenas para produzir conhecimento sobre essas práticas, mas para perceber como os indivíduos dão sentidos a ela.

Nessa perspectiva, o conceito de sujeito está centrado na não separabilidade entre sujeito epistêmico (sujeito do conhecimento) e sujeito biográfico (sujeito do autoconhecimento). Sua integralidade é composta tanto pelo sujeito epistêmico, capaz de conhecer, de refletir, de sistematizar, quanto pelo sujeito biográfico, capaz de conhecer-se e de refletir sobre sua natureza, sobre o que o faz humano, sobre em que e por que se diferencia de outros seres ou a eles se assemelha, como aponta Passeggi (2016, p. 71).

---

3. Dissertação defendida em 24/06/2019 por TAHAN, S., intitulada "Marcas da história de vida na constituição profissional do coordenador pedagógico: um estudo a partir de narrativas de experiências como dispositivos de pesquisa-formação".

A esse conceito incorpora-se a ideia trazida por Nias (1991, p. 15 apud Nóvoa 2013) de que "O professor é uma pessoa; e uma parte importante da pessoa é o professor." Sendo assim, no centro do processo formativo não está somente a pessoa que aprende, mas também aquela que atua, que experiencia e que traz consigo toda a bagagem de vida que está diretamente relacionada ao profissional que se coloca em cena todos os dias.

Sendo assim, entende-se aqui o processo de formação não só como atividade de aprendizagem situada em tempos e espaços limitados e precisos, mas também como uma atividade de integração de várias experiências vividas. Um processo de ação vital de construção de si, em que o sujeito adquire um posicionamento ativo e intencional pelo seu percurso de aprendizagem no qual o conhecimento só é constituído ou ressignificado a partir do autoconhecimento, como nos aponta Josso (2014, p. 76):

> O ser em formação só se torna sujeito no momento em que a sua intencionalidade é explicitada no ato de aprender e em que é capaz de intervir no seu processo de aprendizagem e de formação para favorecê-lo e para reorientá-lo.

A partir dos conceitos de sujeito e de formação — na perspectiva teórica que sustenta este artigo — entende-se que o conhecimento e o autoconhecimento são ferramentas indissociáveis em um processo de formação de adultos. Dentro desse panorama, as narrativas de experiências apresentam-se como possibilidades potentes de os sujeitos reverem seus caminhos e percursos vividos, atribuindo a eles significados.

As narrativas apresentam-se aqui como dispositivos para uma busca de si, que ora pode acontecer de dentro para fora (reflexão de si), ora de fora para dentro (a narrativa do outro pode fazer ecoar situações, emoções e/ou reflexões). De acordo com Passeggi (2010, p. 120):

> [...] a narrativa autobiográfica é, para o narrador, lugar de reconstrução de saberes profissionais e identitários e torna-se, por essa mesma razão, um método privilegiado para o pesquisador ter acesso ao universo da formação e à subjetividade do adulto.

Parte-se da premissa de que as narrativas, quando utilizadas como dispositivos de formação, podem levar o adulto à compreensão de sua historicidade, relacionando-a às suas experiências vividas e, assim, tendo a possibilidade de reelaborar-se como sujeito social, situado em um determinado tempo e em um determinado grupo e contexto social.

> Se somos filhos de nosso tempo, mais do que filhos de nossos pais, a ressignificação da experiência vivida, durante a formação, implicaria encontrar na reflexão biográfica marcas da historicidade do eu para ir além da imediatez do nosso tempo e compreender o mundo, ao nos compreender: *Por que penso desse modo sobre mim mesmo e sobre a vida?* (PASSEGGI, 2011, p. 149 — grifo da autora)

Ao solicitar aos coordenadores que narrem suas experiências, é-lhes oferecida a possibilidade de retornarem às condições nas quais ocorreram as experiências vividas e, talvez, reconhecerem acontecimentos, fatos, pessoas ou circunstâncias que possam ter alguma relação com sua atuação profissional no presente. A isso cabe uma ressalva: as experiências vividas acontecem em momentos históricos e sociais aos quais pertencemos e, portanto, trazem a marca das épocas, meios e ambientes nos quais as experienciamos, como aponta Delory-Momberger (2012).

Nóvoa (2013, p. 14) pontua que, ao fazer a opção por realizar um trabalho de pesquisa-formação, em que os conceitos metodológicos utilizados estão pautados na abordagem (auto)biográfica, poderá haver mobilização das dimensões pessoais nos espaços institucionais, bem como a necessidade de consideração da profissão à luz da pessoa e vice-versa, além da compreensão de que auto e hétero são movimentos dificilmente separáveis: o homem define-se pelo que consegue fazer com o que os outros fizeram dele (formulação sartriana).

Nessa perspectiva de construção de conhecimento — em que há a inseparabilidade do sujeito, do percurso de vida, da formação e do estabelecimento de relação entre situações vividas — entende-se que o conhecimento poderá ser reformulado sempre e ocupará uma instância viva, passível de ressignificação e de constante movimento.

2. Coordenadores pedagógicos: atores em cena

O local escolhido para a realização desta pesquisa-formação é uma instituição de ensino da rede privada, situada na Grande São Paulo, local em que trabalham os coordenadores pedagógicos referidos neste artigo.

Cabe destacar que não se trata apenas de uma proposta de pesquisa, mas ainda de formação e ação, como apresentada por Josso (2010) e Passeggi (2008; 2010; 2011). Portanto, todos os procedimentos adotados nesse percurso, as emoções vivenciadas, a escuta atenta e o cuidado com a preparação e organização de cada sessão[4] compuseram um espaço em que a cumplicidade, reciprocidade, solidariedade, empatia e confiança fossem elementos constantes.

Saliente-se que essa pesquisa emerge de um projeto de formação continuada destinado à formação de coordenadores pedagógicos, que já se constitui como prática nessa instituição. No ano de 2018, a formação desse grupo de profissionais foi pautada em dois grandes eixos: a constituição da identidade docente e a constituição dos saberes docentes. O estudo foi baseado sobre as contribuições de Tardif (2014), *Saberes docentes e formação profissional*, e de Placco e Souza (2006), *Aprendizagem do adulto professor*.

No início de 2019, os coordenadores pedagógicos receberam um convite para participar de uma pesquisa-formação. Não haveria interrupção e nem mudança no processo formativo proposto pela escola; a estrutura preestabelecida e acordada com todos se manteria.

O grupo reflexivo foi composto por quatro coordenadores e a pesquisadora. Foram adotados como critérios para a identificação de cada ator da pesquisa: nome[5], idade, formação acadêmica, tempo

---

4. O termo *sessão* é inspirado na pesquisa-formação desenvolvida por Josso, Pierre Dominicé e Laurence Türkal, em 1996. A autora utiliza o termo *seminário* para representar o trabalho desenvolvido ao longo de oito meses, e o termo *sessão* para designar os encontros (JOSSO, 2010).

5. Os nomes dos coordenadores pedagógicos foram trocados por outros, fictícios, escolhidos por eles.

e nível de atuação. Assim, o grupo ficou constituído como se vê no quadro abaixo:

Quadro 1. Identificação e perfil biográfico do grupo de pesquisa			
Nome	Idade	Formação Acadêmica	Tempo/Nível de atuação
Ana Carolina	50 anos	Magistério — Licenciatura em Pedagogia Faculdades Integradas Guarulhos	6 anos — Ensino Fundamental I
Sandra	49 anos	Magistério — Licenciatura em Pedagogia Faculdades Integradas Guarulhos	6 anos — Ensino Fundamental I
Pedro	32 anos	Bacharelado em Matemática — UEL — 2007 Licenciatura em Matemática — UEL — 2007 Mestrado em Educação Matemática — PUC-SP — 2010 Doutorado em Educação Matemática — PUC-SP 2016 Pedagogia — FPSJ — 2018	3 anos — Coordenador área Matemática 4 anos — Ensino Fundamental II
Artaud	55 anos	Magistério Licenciatura e Bacharelado em História Faculdades Integradas Guarulhos	4 anos — Coordenador área Ciências Humanas 2 anos — Ensino Médio

Fonte: Elaborado por TAHAN, 2019.

As atividades do grupo reflexivo, em um contexto institucional de formação continuada, em sua concepção autobiográfica, implicam o planejamento de sua dinâmica, bem como a definição de seus objetivos pelo pesquisador-formador, que irá mediar, conduzir, acompanhar e coordenar o grupo. No *Quadro 2*, estão relacionadas as atividades realizadas em cada uma das oito sessões que compuseram a pesquisa-formação, destacando os recursos metodológicos, as datas e a ordem dos momentos de narração.

Quadro 2. Cronograma das atividades desenvolvidas nas sessões		
N° da sessão	Data	Atividades Realizadas
1	01/02/2019	Explicitação do objeto da pesquisa-formação e do contexto teórico-metodológico em que está inserida. Estabelecimento do contrato de convivência entre os pares, pautado nos princípios da Carta da ASIHVIF-RBE (Associação internacional de histórias de vida em formação — Pesquisa biográfica em educação) Decisão quanto à ordem em que as narrações aconteceriam. Aceite do Termo de Consentimento Livre e Esclarecido — TCLE. Explicitação do compromisso na participação e agendamento das datas das sessões subsequentes. Escolha dos nomes fictícios.
2	05/02/2019	Narrativa oral das experiências vividas e da trajetória profissional — Sandra. Conversa entre os pares sobre o narrado: singularidades e distanciamentos entre as histórias.
3	13/02/2019	Narrativa oral das experiências vividas e da trajetória profissional — Artaud. Conversa entre os pares sobre o narrado: singularidades e distanciamentos entre as histórias.
4	15/02/2019	Narrativa oral das experiências vividas e da trajetória profissional — Pedro. Conversa entre os pares sobre o narrado: singularidades e distanciamentos entre as histórias.
5	19/02/2019	Narrativa oral das experiências vividas e da trajetória profissional — Ana Carolina. Conversa entre os pares sobre o narrado: singularidades e distanciamentos entre as histórias.
6	05/03/2019	Socialização das narrativas escritas por todos. Levantamento dos aspectos que se mantiveram entre a narrativa oral e a narrativa escrita. Socialização das respostas às perguntas: O que faz com que você permaneça atuando como coordenador pedagógico? O que pode fazer com que você se distancie da atuação de coordenador pedagógico?

continuação...

Quadro 2. Cronograma das atividades desenvolvidas nas sessões

Nº da sessão	Data	Atividades Realizadas
7	12/03/2019	Narrativa oral das experiências vividas e da trajetória profissional — Pesquisadora. Conversa entre os pares sobre o narrado: singularidades e distanciamentos entre as histórias.
8	15/03/2019	Socialização das respostas às perguntas: Quais foram as aprendizagens desencadeadas pela experiência formadora vivida no grupo? Finalização da formação e agradecimento a cada um dos participantes.

Fonte: Elaborado por TAHAN, 2019.

O espaço em que aconteceram as sessões foi cuidadosamente organizado e preparado para receber os coordenadores. Todos ficaram à volta de uma mesa, proporcionando a interação de todos com todos, face a face, e a escuta do outro. Essa organização objetivou a construção de um clima acolhedor para a construção de vínculos de empatia e de confiança.

A primeira sessão transcorreu em meio a muita ansiedade de todos os envolvidos. Tratava-se de um outro lugar dentro do contexto de trabalho, não um lugar físico, mas um lugar possível de significação e (res)significação de si e do outro, e esse lugar/processo foi sendo construído desde o primeiro momento.

As sessões desenvolvidas, com e no grupo reflexivo, estão pautadas em quatro grandes momentos: a construção da narrativa oral; a apresentação da narrativa escrita perante o grupo; a explicitação das adesões e distanciamentos da função do coordenador pedagógico; e, por fim, o levantamento de quais foram as experiências vividas no grupo reflexivo que pudessem ser eleitas como formadoras.

As sessões dois, três, quatro e cinco foram destinadas à escuta das narrativas orais. Essa atividade é denominada por Josso (2010, p. 89) como sendo:

> uma atividade de construção, e por vezes de reconstrução das experiências de vida que parecem significativas para compreender como

e por que o eu se tornou o que ele pensa caracterizá-lo no momento da abordagem, é a primeira etapa do trabalho biográfico.

As narrativas aconteceram, seguindo o comando explicitado a todos na primeira sessão: *narrar as experiências que julguem que tiveram influências na constituição do coordenador pedagógico que são hoje*. Além desse comando, outras orientações fizeram parte desse movimento: ao narrar, todos dispunham do tempo que julgassem necessário para a conclusão; todos os participantes poderiam, ao escutar as narrativas, elencar pontos de similaridade e distanciamento em relação à sua própria história; e, após a narrativa concluída, abria-se um espaço para comentários e/ou perguntas sobre algo que não tivesse ficado claro. As narrativas orais foram gravadas, com o consentimento prévio dos participantes, e, ao término de cada sessão, a gravação foi entregue ao coordenador que fez o relato.

Os procedimentos adotados por cada um dos participantes, na construção da narrativa oral, apresentaram uma singularidade distinta. Sandra fez um roteiro prévio dos pontos que gostaria de abordar, foi até a casa da mãe rever alguns guardados que ela possuía e estavam relacionados à sua trajetória escolar, mas, no momento da narrativa oral, não se apoiou no roteiro estabelecido. Artaud trouxe para o momento da sua narrativa objetos que explicitavam a história narrada (boletins; fotos de conclusão de séries; convite de formatura em que ele foi homenageado; fotos pessoais...) e, à medida que inseria um fato/experiência à sua narrativa, um objeto era apresentado ao grupo. Pedro construiu um roteiro prévio para a sua narrativa e o utilizou; apresentou o mesmo movimento que Artaud: trouxe fotos pessoais (da sua infância, de seus familiares, de alguns professores), da educação básica, graduação e pós-graduação, e um livro que tem um capítulo de sua autoria. Ana Carolina seguiu o movimento apresentado por Sandra: traçou um roteiro prévio do qual fez uso, e não trouxe objeto ou foto para a sua narrativa oral.

Mesmo sendo explicitados movimentos distintos, todos elencaram, previamente, experiências que gostariam de compartilhar com o grupo e afirmaram que, no momento de narrar-se, fizeram-se presentes fatos, pessoas e acontecimentos não lembrados no roteiro. A ansiedade frente à narrativa oral também foi uma afirmação bastante comum entre eles. Todos começaram as suas narrativas pela infância, apresentaram todo o seu percurso escolar, a chegada à graduação e o ingresso na coordenação pedagógica. Esse movimento nasceu no grupo, não foi dada nenhuma consigna ou informação sobre a forma ou estrutura como a narrativa deveria ser construída. A esse respeito, Josso (2010, p. 90) pontua:

> o trabalho de rememoração, que reúne as recordações à escala de uma vida, apresenta-se como uma tentativa de articular as experiências contadas e é feito, principalmente, ao longo da vida e da sua dinâmica, evidenciando as práticas formativas inerentes a um itinerário escolar, profissional, e a outras aprendizagens organizadas, incluindo aí, finalmente, as experiências de vida que o autor considera ter deixado uma marca formadora.

Ao vivenciar a primeira narrativa, o grupo foi constituído como tal. A intensidade do relato e as emoções ali explicitadas foram elos que fortaleceram a confiança, a cumplicidade e a entrega para o que seria vivido até a finalização dessa formação. Após cada socialização oral, algumas questões foram expostas:

> *Eu que achei que a minha narrativa seria bem breve, demorei duas horas para contar toda a minha história. E olha que ainda suprimi algumas coisas.* (PEDRO)
> *Fiquei espantada em como tinha tanto para contar.* (ANA CAROLINA)
> *A emoção que senti ao ouvir as histórias de todos foi muito grande. A gente confia muito um no outro para se abrir desse jeito.* (SANDRA)
> *Contar minha história para vocês fez com que eu revivesse tudo de novo, estando em outro lugar.* (ARTAUD)
> *O processo de narrar foi tão incrível que comecei a fazer algumas relações que antes não fazia ideia de que existiam.* (PEDRO)
> *Ao preparar a minha narrativa, muitas coisas já mexeram comigo, mas não tinha ideia de que, ao expor para vocês, a emoção seria tão intensa.* (ARTAUD)

3. (Des)cobertas de si e do outro no processo de formação

Marcas de naturezas diversas foram declaradas nas sessões de trabalho. Para efeito de análise e interpretação, tomou-se a decisão de agrupá-las e analisá-las em diferentes unidades temáticas. A proposta de segmentação não impossibilitou a compreensão integral dos participantes, inseridos em seus diferentes contextos e imersos em uma temporalidade definida. Dentre elas, estão: marcas oriundas das relações estabelecidas com os familiares; marcas provenientes de movimentos de ruptura e perdas; marcas resultantes das experiências vivenciadas na escolaridade e marcas constituídas com os pares com quem atuam profissionalmente. Cabe ressaltar que as possibilidades de agrupamentos não se esgotam; essa foi apenas uma das encontradas por TAHAN (2019), em sua pesquisa-formação; inúmeras outras existem.

Para este artigo, serão explicitadas as marcas relacionadas às relações vividas, ou seja, o quanto esses profissionais reconhecem terem sido constituídos por valores impressos por pessoas significativas para cada um deles.

Ao analisar as narrativas, foi possível agrupar os excertos em dois grupos: o primeiro, relacionado aos saberes adquiridos na família; e o segundo, referente aos saberes adquiridos na relação com profissionais da educação, sejam eles professores ou parceiros de trabalho.

As aprendizagens advindas da família estão pautadas no valor atribuído à educação, mas principalmente nos valores e princípios éticos. Os excertos de Pedro e Ana Carolina, hoje profissionais que atuam na educação, explicitam essas aprendizagens:

> *A tríade pai, mãe e avó foi o alicerce de quem sou, com eles construí e fortaleci valores nos quais acredito e dos quais não abro mão; entre os valores, destaco a educação em seu sentido mais amplo, abarcando desde os saberes do senso comum até os saberes do campo científico. Além das questões relacionadas à fé, muito presentes em nossa casa. [...] Os "saberes cotidianos", o respeito ao próximo, o respeito ao espaço ocupado, entre tantos outros, permearam cada uma das ações e, ao mesmo*

tempo, tornaram-se marcas importantes que compõem quem eu sou. (PEDRO)

Tenho ótimas referências de meu pai e trago em mim marcas fortes como a disciplina, pontualidade, a seriedade com a vida e com o trabalho, a confiança, o trato com o dinheiro, a organização com a minha vida. [...] A força de minha mãe, envolta em uma sutileza, sabedoria, fé. [...] ela sempre foi delicada, gentil, elegante, linda, esperta, zelosa, altruísta e inteligente. [...] Trago isso até hoje na realização de meu trabalho, dos meus estudos e na minha vida. Sou muito dedicada e me esforço, mesmo frente às dificuldades que encontro, busco estar atenta ao que posso auxiliar no outro. [...]. [...] Hoje, quando me vejo em algumas situações difíceis em minha função, trago muito da fala dela. De repente, invento coisas, crio um novo caminho para a criança poder olhar comigo e me lembro que ela fazia isso. [...] Em vários momentos em meu trabalho, trago a natureza dela e não me desespero. Resolvo briga, conflitos de família, cuido de ferimentos, acalmo mães, organizo bagunça, com muita tranquilidade, depois eu desabo! (ANA CAROLINA)

Os excertos de Pedro e Ana Carolina trazem à tona experiências pautadas nos saberes cotidianos e nos valores que permeiam as relações interpessoais. A natureza do trabalho do coordenador pedagógico evoca saberes construídos por essas experiências. A partir da explicitação dessas aprendizagens, em um contexto circunscrito, é possível produzir um mapa de saberes que podem compor as atribuições do coordenador pedagógico: pontualidade, seriedade, dedicação, respeito ao próximo e ao espaço ocupado.

Um outro saber, ainda vinculado à relação com a família, é o saber disciplinar. Pedro, ao resgatar em sua memória a relação que estabelecia com o pai, apresenta a emoção que sentia ao observá-lo realizar contas com muita destreza. E, ao final da sua narrativa, reflete se a escolha pela docência na área da matemática não teria acontecido em razão dessa admiração. Na voz de Pedro:

[...] cresci vendo e ouvindo meu pai lidar com cálculos matemáticos com a maior destreza e minha mãe dizendo que

sempre gostou muito de matemática. Pensando agora, talvez isso também tenha sido uma marca importante, por eu ter me tornado professor de matemática. (PEDRO)

Ao apresentar a sua narrativa oral no grupo de coordenadores, Artaud o fez, mostrando alguns guardados que selecionou para compor a sua história. No momento em que falou da professora Olide, ele mostrou a única foto que possuía dele enquanto bebê. Nesse momento, um dos participantes o indagou: "por que, ao falar da sua professora Olide, você nos mostrou uma foto sua de bebê?" Segue a explicitação de um processo de tomada de consciência que muito emocionou o grupo. Na voz de Artaud:

> *Talvez ela tenha sido a minha mãe intelectual. Talvez não, acabei de entender que sim, ela foi minha mãe intelectual. A minha mãe, Maria da Penha, D. Nina, ela é o Artaud do trabalho, o Artaud trator, às vezes, nesse sentido, mas, assim, do trabalho. É isso que tem pra fazer? Vamos fazer. A Olide é meu vínculo com o intelectual. Foi ela que não me deixou desistir de mim mesmo. Se não fosse ela, eu não sei qual caminho teria seguido na vida. Com certeza, o encantamento e garra que tenho enquanto coordenador tem a sua origem na relação que estabeleci com a professora Olide. Não sei se ela sabe da importância que teve na minha vida; eu tentei procurá-la depois que entrei para a educação, mas não mais a encontrei. Gostaria muito de agradecê-la e, agora, dizer que ela foi minha mãe intelectual, sim.* (ARTAUD)

A tomada de consciência de Artaud sobre a importância que a professora Olide teve em seu percurso de vida, mobilizou a todos. Josso (2010, p. 95) explica que momentos dessa natureza explicitam um dos aspectos vinculados ao processo de conhecimento:

> Revisitar conhecimento deste si por meio do que diz dele a narrativa, considerada no seu movimento geral e nas suas dinâmicas, nas suas periodizações, nos seus momentos-charneiras ou momentos-chaves (processo de formação), a fim de extrair, a partir daí as características identitárias e as projeções de si, as valorizações

que orientaram as opções, os elementos de autorretrato que dão os contornos de uma personalidade.

Os vínculos estabelecidos no ambiente do trabalho também aparecem como elementos fundantes na constituição desses coordenadores. Quais marcas um professor pode deixar em um aluno? Como essas marcas se desdobram no profissional que esse aluno virá a ser? Como a cultura institucional e as relações estabelecidas com os parceiros de trabalho podem formar ou (de)formar? Como forma de explicitação dessa importância, as frases dos coordenadores são aqui retomadas para compor uma síntese que parece ser reveladora do lugar que os vínculos profissionais ocupam no processo identitário desses profissionais:

> *[...] posso dizer com certeza que muito do profissional de educação que hoje sou devo à instituição e aos profissionais que têm atuado comigo nesse lugar. [...] um profissional e ser humano muito importante como referência do que vem a ser um coordenador de "campo", mas também de "gabinete" (aquele que elabora estratégias, que organiza, planeja, antecipa, vislumbra e contagia pela solidariedade, perspicácia, autoria, perseverança e compromisso). Este é o coordenador E., com quem tive e tenho o privilégio de compartilhar, alguém que inspira e dialoga servindo de exemplo como par avançado. [...] na mesma época, em didática, a professora C.M. trouxe trechos do livro Carta a um jovem professor, de Philippe Meirieu, como leitura complementar; esse material servia como uma injeção de ânimo a cada dia. Hoje, quando tenho professores em início de carreira, faço questão de presenteá-los com essa obra. [...] esta é outra marca "super importante" no desenvolvimento do coordenador que sou e estou hoje. Pelas orientações, pela escuta, por proporcionar desafios e indicar leituras e estudos. Por demonstrar na prática o que a prática pode potencializar na procura intencional daquilo que precisamos alicerçar com embasamento teórico. Por investir por meio de constantes desafios, me convidando a pensar e projetar com objetividade e clareza. Nunca deixando de reafirmar a importância dos*

registros, sejam de percursos ou de finalizações. E jamais deixando de acreditar na minha capacidade de refletir e atuar.

As marcas aqui reveladas apresentam desdobramentos diversos para a formação e constituição do coordenador pedagógico: a adesão às crenças, valores e princípios cultivados na família; o papel do professor na constituição do aluno; e a importância que os parceiros de trabalho e a cultura institucional ocupam no desenvolvimento e formação profissional.

Em relação ao primeiro desdobramento, ao se depararem com algumas crenças, valores e princípios, os coordenadores tiveram a possibilidade de, por meio das narrativas, tomar consciência da origem de algumas condutas e posicionamentos que têm frente à vida e com isso ressignificá-las e/ou fortalecê-las. A compreensão de que a pessoa/profissional pode carregar consigo adesões ocorridas em uma tenra idade e, também, de que elas podem ser revisitadas, reafirmadas, abandonadas e/ou ressignificadas, fez parte do processo de formação vivido pelos coordenadores. Para Nóvoa (2013, p. 16), "a identidade não é um dado adquirido, não é uma propriedade, não é um produto. A identidade é um lugar de lutas e de conflitos, é um espaço de construção de maneiras de ser e estar na profissão."

O coordenador, ao se conscientizar dessas adesões, tem a possibilidade de tomar para si a responsabilidade pela sua própria formação e atuação na vida, tornando-se ator e autor de seu processo de formação, como afirma Josso (2010, p. 84).

O segundo desdobramento, por sua vez, está relacionado ao lugar ocupado pela figura do *professor* — entendido aqui como o par mais experiente, que tanto pode ser o professor na sala de aula, como também o coordenador pedagógico na relação com os docentes. A marca aqui mais evidenciada está vinculada às atitudes e valores.

Parte-se do princípio de que o coordenador pedagógico, ao tomar posse das relações estabelecidas no percurso de sua história e ao evidenciar as pessoas importantes que fizeram ou fazem parte da sua constituição, pode priorizar a história dos professores com quem trabalha e, assim, potencializar o lugar que ocupam na vida de seus alunos. Como lembra Arroyo (2014, p. 251): "Reencontrar os estreitos e históricos vínculos entre formação e docência é uma tarefa urgente."

O último desdobramento aponta para o lugar ocupado pelos parceiros de trabalho e pelo clima institucional na formação constante do coordenador pedagógico. Esse profissional, ao sentir-se desafiado, respeitado e olhado com olhar de potência, tende a tomar para si a responsabilidade por sua formação e atuação, sem receio de trilhar caminhos, pois sabe que não está sozinho e que há parceiros de trabalho percorrendo o mesmo caminho.

Sousa e Placco (2016, p. 30) declaram que, dentre as dimensões de formação de professores, encontra-se uma que é vinculada ao trabalho coletivo e à construção coletiva do projeto pedagógico: a formação como prevenção. Tal dimensão está pautada no pressuposto de que "o trabalho do professor envolve um trabalho integrado e cooperativo, fruto de um processo de formação intencionalmente elaborado e mediado pelas relações socioafetivas e cognitivas."

Os vínculos estabelecidos no cenário familiar e profissional, ao serem explicitados por meio das narrativas, possibilitaram que cada coordenador revisitasse o tempo vivido, com as percepções do contexto em que vive agora e, então, ressignificasse ou não cada uma das relações vivenciadas. E, por fim, olhar para si e enxergar quais e quantas são as parcelas dos outros que carrega consigo e que integram a pessoa que ele é no presente — esta uma aprendizagem essencial vivida por estes coordenadores, neste processo formativo.

Referências

ARROYO, M. Gaveta dos guardados. In. _____. *Imagens quebradas. trajetórios e tempos de alunos e mestres.* Petrópolis: Vozes, 2014, pp. 239-252.

JOSSO, Marie-Christine. *Experiência de vida e formação.* 2 ed. rev. e ampl. Tradução de José Cláudio e Júlia Ferreira. Revisão científica de Maria da Conceição Passeggi e Marie-Christine Josso. Natal: EDUFRAN, 2010.

_____. Da formação do sujeito ao sujeito da formação. In: NÓVOA, António; FINGER, Matthias (orgs.). *O método (auto)biográfico e a formação.* 2. ed. Natal: EDUFRN; São Paulo: Paulus, 2014, pp. 57-76.

NÓVOA, António. Os professores: um "novo" objeto de investigação educacional? In: _____. (org.). *Vidas de Professores*. 2. ed. Porto: Porto Editora, 2013, pp. 14-17.

PASSEGGI, M. C. Mediação biográfica. Figuras antropológicas do narrador e do formador. In: PASSEGGI, M. C.; BARBOSA, T. M. N. B. (orgs.) *Memória, memoriais. Pesquisa e formação docente*. Natal: EDUFRN; São Paulo: Paulus, 2008, pp. 43-62.

_____. Narrar é humano! Autobiografar é um processo civilizatório. In: PASSEGGI. M. C.; SILVA, V. B. (orgs.). *Invenções de vidas, compreensão de itinerários e alternativas de formação*. São Paulo: Cultura Acadêmica, 2010, pp. 103-130.

_____. A experiência em formação. *Revista Educação*, Porto Alegre, v. 34, n. 2, pp. 147-156, maio/ago. 2011. Disponível em: <<http://revistaseletronicas.pucrs.br/ojs/index.php/faced/article/view/8697/6351>>. Acesso em: 20 jan. 2018.

PASSEGI, M. C.; SOUZA, E. C. O movimento (auto)biográfico no Brasil: esboço de suas configurações no campo educacional. *Revista Investigación Cualitativa*, EUA. v. 2, n. 1, pp. 6-26, 2017. Disponível em: <<https://ojs.revistainvestigacioncualitativa.com/index.php/ric/article/view/56/36>>. Acesso em: 6 jun. 2017.

PLACCO, V. M. N. S.; SOUZA, V. L. T. (orgs.). Grupo e autoria: aprendizagem do adulto professor. In: *Aprendizagem do adulto professor*. São Paulo: Loyola, 2006, pp. 11-24.

SOUSA, C. P. e PLACCO, V. M. N. S. Mestrados Profissionais na Área de Educação e Ensino. *Revista da FAEEBA — Educação e Contemporaneidade*, Salvador, v. 25, n. 47, pp. 23-35, set./dez. 2016.

TAHAN, S. *Marcas da história de vida na constituição profissional do coordenador pedagógico: um estudo a partir de narrativas de experiências como dispositivos de pesquisa-formação*. 155 fls. Dissertação (Mestrado em Educação: Formação de Formadores) — Pontifícia Universidade Católica de São Paulo, São Paulo, 2019.

TARDIF. M. Saberes, tempo e aprendizagem do trabalho no magistério. In: _____. *Saberes Docentes e Formação Profissional*. Petrópolis: Vozes, 2014, pp. 56-111.

Escola: seus recursos, jeitos e formas para cuidar do aluno

Nádia de Araújo Luciani Leite de Moraes[1]
(neuropsi.nadia@gmail.com)
Antonio Carlos Caruso Ronca[2]
(accronca@gmail.com)

Vamos precisar de todo mundo.
Um mais um é sempre mais que dois.
Pra melhor juntar as nossas forças,
é só repartir melhor o pão,
Recriar o paraíso agora,
para merecer quem vem depois.
(Beto Guedes, 1981)

I. Introdução

Há diversos conceitos acerca do processo de avaliação, da mesma forma como são difundidas inúmeras metodologias de ensino práticas, ativas e criativas, que visam a melhorar as condições do processo de ensino e aprendizagem.

Não é objetivo deste capítulo discutir essa questão, mas apresentar nosso entendimento de que os professores podem utilizar-se de diferentes recursos para a verificação do aprendizado de determinado conteúdo, uma vez que a diversificação de instrumentos para

---

1. Mestre pelo Programa de Educação: Psicologia da Educação pela Pontifícia Universidade Católica de São Paulo — PUC-SP.
2. Professor Doutor pela Pontifícia Universidade Católica de São Paulo — PUC-SP e orientador da pesquisa que deu origem a este capítulo.

a avaliação tem como propósito verificar o grau de compreensão do aluno, promover o seu avanço e também verificar a eficiência do método de ensino do professor. Assim, o instrumento avaliativo está diretamente relacionado ao conteúdo trabalhado, bem como à forma como ele se deu.

Destarte, a importância que educadores e pesquisadores dão ao processo de avaliação do rendimento escolar levou-nos ao desenvolvimento de uma pesquisa cujo recorte será aqui apresentado.

O presente capítulo faz parte de uma Dissertação de Mestrado (Moraes, 2019), intitulada "Aluno avaliado com baixo desempenho na perspectiva do professor do Ensino Fundamental II". A pesquisa foi realizada no "*Colégio Mediação*" (nome fictício), escola privada no interior paulista, e apresentou como objetivo identificar e analisar como o professor age com alunos que não obtêm uma boa atuação na avaliação de aprendizagem. Nesta linha, dois foram os objetivos específicos. O primeiro, identificar os critérios que o professor usa para identificar o aluno que vai mal na avaliação; e o segundo, explicitar os procedimentos pedagógicos adotados pelo professor para com esses alunos.

Como ponto de partida, optou-se pela consideração da nota obtida pelo aluno, pois, geralmente, a partir dela é que os professores passam a ter uma visão do desempenho acadêmico dos alunos, tendo em vista a realidade e a dinâmica das aulas do Ensino Fundamental II.

A investigação foi realizada à luz do método qualitativo e sua importância é destacada por Gomes (2005) com a metáfora da cebola: "Depois de abrir as camadas mais amplas do sistema educacional, é preciso estudar a casca da escola e, dentro dela, a camada da turma, do professor e do aluno, em diferentes âmbitos, relacionando-se entre si." (p. 284)

Os sujeitos desta pesquisa foram quatro professores dos anos finais do Ensino Fundamental, sendo um de Português e outro de Matemática, que lecionam para o 6° ano e, da mesma forma, outro de Português e outro de Matemática, que lecionam para o 9° ano dos anos finais do EF. Serão aqui nomeados como Eva e Flor (nomes fictícios) da área de Português e Redação, e Açucena e Bento, ambos de Matemática.

Utilizou-se de entrevistas semiestruturadas, para identificar a opinião dos professores acerca do aluno, sua atuação em sala de aula, os momentos de avaliação da escola e o significado que o professor atribui à nota obtida. Foram feitas diversas leituras das transcrições das entrevistas e, a partir delas, destacadas as falas relevantes ao tema desta pesquisa. As falas foram agrupadas de acordo com os temas, em categorias e subcategorias.

O material coletado foi analisado tendo como base a Análise de Conteúdo, procedimento que permitiu construir cinco categorias: "Critérios para identificar o aluno com baixo desempenho acadêmico"; "Ser professor e o seu fazer no dia a dia"; "Escola: seus recursos, jeitos e formas"; "A nota obtida não é um real indicador de desempenho escolar" e "A amplitude do processo de aprendizagem". Para a discussão dos dados obtidos, utilizaram-se preferencialmente os referenciais teóricos de Henri Wallon, David Ausubel e Cipriano C. Luckesi.

A categoria "Escola: seus recursos, jeitos e formas" elucida o olhar do colégio sobre o processo de avaliação: os diversos recursos disponíveis oferecidos aos professores para avaliar o conhecimento adquirido, e a atuação da coordenação pedagógica junto aos alunos, professores e familiares, nos casos dos estudantes com baixo desempenho acadêmico.

É essa categoria que será apresentada neste capítulo.

II. Diferentes estratégias de avaliação

"Vamos fazer um seminário, vamos fazer um teatro, vamos transformar isso numa história em quadrinhos...?" É uma outra forma de avaliar, outra forma deles mostrarem que eles leram. "Vamos fazer uma atividade de ilustração! Vamos Ilustrar o livro?"

Se eu vou aplicar uma prova escrita com 10 questões, eu vou contra tudo o que eu consegui conquistar...!

A gente não pode ter um único instrumento de avaliação, somente a prova. Eu uso vários instrumentos, várias formas pra avaliar. Tem os trabalhos, tem jogos, tem aula invertida. Também tem as Avaliações Contínuas, tem a Avaliação Interdisciplinar.

Eu não consigo dar prova de múltipla escolha, se estou trabalhando uma matéria de Redação. Se eu o forço a escrever, o mínimo que ele escreva, pelo menos ele está escrevendo. Agora, múltipla escolha, é complicado...!
Se tem que decorar uma regra da Gramática, eu dou uma prova com consulta, eu não cobro isso, eu não forço isso "você tem que decorar"! Eu faço com eles uma "cola" das regras da Gramática e a prova é "prova com cola", porque nem os vestibulares hoje cobram desse jeito, esse tipo de coisa...

Os professores contam com uma diversidade de recursos estratégicos para a verificação da aprendizagem dos alunos. A avaliação é uma ferramenta para auxiliar e diagnosticar a aprendizagem dos alunos, desde que elaborada para esta finalidade, e não como instrumento de punição. A professora Flor faz um comentário muito pertinente quanto ao real alcance avaliativo de uma prova, ao destacar a influência de questões exteriores e interiores dos alunos no momento da avaliação:

Aqui a gente chama prova de Avaliação Diagnóstica. Mas será que é um diagnóstico no qual posso confiar? Porque a nota tem a intenção de medir, de aferir o que eu ensinei para o aluno, vai aferir o que o aluno aprendeu. Mas será que de fato ele aprendeu? Será que ele estudou? Porque às vezes tem dia de prova que o aluno não vai bem, e eu digo: "olha, essa prova não te representa!"
Muito difícil pensar que aquela prova diagnóstica tem diagnóstico exato... eu não sei quais foram as condições para o aluno naquele dia...

1. Modos de atuar frente às notas baixas

1.1. A monitoria

Frente às situações de baixo desempenho nas provas, a escola propõe alguns recursos aos professores, para sanarem as dificuldades dos alunos. Nas entrevistas realizadas, os professores demonstraram que a estratégia da Monitoria é entendida e analisada como uma solução inovadora para facilitar a aprendizagem. Brevemente, o professor Bento apresenta tal estratégia:

> No Fundamental II funciona com Monitoria: o próprio aluno ajuda o outro. O aluno do 9º ano dá monitoria para o do 8º, que dá monitoria para o aluno do 7º ano...
> A coordenação escolhe os monitores: "Alguém pode dar monitoria?"
> Às vezes o aluno nem tem nota tão boa, mas como ele vê uma oportunidade de revisar o próprio conteúdo, ele pega. Então ele vai lá, estuda, e a nota dele nem foi tão boa naquela época, mas ele está estudando para passar para o pessoal. Às vezes, está mais maduro...

O coordenador pedagógico também atua na Monitoria, de forma a contribuir positivamente para o aluno que apresentou baixo desempenho na prova, e o faz propondo alternativas de reforço e estudo para aqueles que necessitem de uma atenção especial, oferecendo soluções para problemas e **dando o suporte necessário aos monitores para as atividades que estejam relacionadas ao aprendizado. Muitas vezes, o coordenador** pedagógico **encontra tais soluções desenvolvendo atividades interdisciplinares.**

Porém, tal estratégia atinge seu objetivo quando o próprio aluno compreende sua necessidade e se motiva a utilizar este recurso para sanar suas dificuldades. Neste momento, cabe ao professor o papel elementar de motivar este aluno a aderir à monitoria, e para que isto tenha melhor garantia de ocorrer, os professores e a coordenação pedagógica têm fundamental importância no espaço escolar. Justamente porque a escola é um espaço favorável e pertinente para as interações sociais e a sala de aula é um dos meios pelos quais se realiza o processo de ensino e aprendizagem — é que cabe ao professor promover a construção de um clima favorável para a aprendizagem. Assim, a boa relação entre professor e aluno é fundamental para um bom rendimento escolar, por gerar confiança e motivação aos alunos para vencerem as dificuldades.

Outrossim, a convivência saudável em sala de aula favorece um ambiente de respeito e de harmonia entre os alunos e professor, uma vez que o aluno que apresentar alguma dificuldade escolar ou baixo desempenho terá maiores chances de ser aceito pelo seu grupo e certamente desempenhará suas funções escolares com mais prazer e eficiência.

As professoras Açucena e Flor fazem seus comentários sobre este recurso — participação dos alunos monitorados, bem como sobre seu reflexo para o aluno que é monitor:

> *Quando o aluno quer, a monitoria dá resultado. A gente não obriga a ir, mas a gente tem um parâmetro: tem uma nota, acima dessa nota ele pode sair da monitoria. E se ele tirar 6,0 numa prova, também é convidado a ir para a monitoria, mesmo a média sendo 5,0. E ele só sai da monitoria com nota 7,0 na prova.*
>
> *A monitoria funciona sim... tem resultado para os monitorados. Tinha uma época que eu chamava a monitoria de "Anjo e Iluminado"... Eu comecei a dizer que o monitorado era "Iluminado", porque o Anjo o iluminava. De alguma forma, ele também ajudava o "Anjo"... porque o Anjo também tinha que estudar a partir dele.*
>
> *Quando um aluno se torna um monitor, ele fica bem mais responsável. Tenho uma aluna que pedia o material com antecedência pra se organizar... Eu tinha um aluno que preparava listas para o monitorado dele.*

Esta estratégia se apresenta como uma importante ferramenta de apoio didático pedagógico na formação do aluno monitor e dos monitorados, uma vez que o monitor tem a possibilidade de se aprofundar no conteúdo programático das disciplinas e os monitorados têm a oportunidade de rever os conteúdos ministrados quando participam das atividades. Quando bem-feita e acompanhada, pode promover a integração entre os alunos, e entre esses e seus professores.

Ademais, a contribuição da monitoria para os alunos está direcionada a auxiliar no desenvolvimento das atividades, a fim de propiciar e melhorar a compreensão do conhecimento.

Ao contribuir para o andamento do processo de monitorias, o professor também conta com o coordenador pedagógico para auxiliá-lo em mais recursos frente às notas baixas. Deste modo, a função deste último também está diretamente ligada à sua atuação junto aos professores e, consequentemente, à aplicação de conceitos, estratégias e ensinamentos que resultem em um ensino de qualidade aos alunos.

O **coordenador** pedagógico **analisa** o processo de ensino e aprendizagem e planeja os caminhos para atuar nas demandas dos alunos, contribuindo para a aprendizagem efetiva. As informações quanto ao desempenho dos alunos, nos diferentes momentos de avaliação e referentes às questões pedagógicas, são analisadas pelo coordenador pedagógico, que refletirá, discutirá e compartilhará os resultados com toda a equipe pedagógica.

> Muitos coordenadores, reconhecendo a importância de discutir com o professor suas ações com os alunos, julgam necessário conhecer como ocorrem, nas salas de aula, as relações de ensino e aprendizagem, principalmente no que se refere ao modo como o professor encaminha a interação da criança como conhecimento. (CLEMENTI, 2010, p. 57)

A professora Eva faz um relato sobre a atuação da coordenação pedagógica em casos de alunos que obtêm um desempenho abaixo da média, nas avaliações diagnósticas de aprendizagem:

> *A coordenadora age e toma as providências necessárias, seja chamando o aluno, o pai, a mãe... chama pra conversar. E a mudança, ela vem na mesma hora. Depois passam dois, três dias e você retoma aquele trabalho de formiguinha de novo... de tentar colocar a criança no prumo de novo.*

1.2. Recuperação paralela

A recuperação paralela é assegurada por lei a todos os educandos. O artigo 12 da LDB aponta que "Os estabelecimentos de ensino, respeitadas as normas comuns e as dos seus sistemas de ensino, terão a incumbência de: V — promover meios para a recuperação dos alunos de menor rendimento". Por conseguinte, a LDB, no artigo 24, determina que a educação básica nos níveis fundamental e médio, será organizada de acordo as seguintes regras comuns:

V — a verificação do rendimento escolar observará os seguintes critérios:

a) a avaliação contínua e cumulativa do desempenho do aluno, com prevalência dos aspectos qualitativos sobre os quantitativos e dos resultados ao longo do período sobre os de eventuais provas finais;
b) possibilidades de aceleração de estudos para alunos com atraso escolar;
c) possibilidade de avanço nos cursos e nas séries mediante verificação do aprendizado;
d) aproveitamento de estudos concluídos com êxito;
e) obrigatoriedade de estudos de recuperação, de preferência paralelos aos períodos letivos, para os casos de baixo rendimento escolar, a serem disciplinados pelas instituições de ensino em seus regimentos.

Assim sendo, a escola possui autonomia para executar o processo de recuperação contínua e paralela dos alunos, a exemplo da possibilidade de aulas no contraturno, organizadas fora do período regular de aulas. Além disso, os alunos podem ser convidados para uma recuperação logo após uma avaliação que diagnostique a necessidade do reforço, sempre tendo como objetivo que as atividades sejam direcionadas às suas demandas de aprendizagem. Juntamente com o coordenador pedagógico, o professor prepara as atividades e seleciona os textos para os que estão em recuperação. Outra possibilidade são alunos que dominam certos conteúdos trabalharem juntamente com os que ainda não os aprenderam. Esta última estratégia é a monitoria, previamente citada pelos professores do Colégio Mediação.

Ainda que, para alguns estudantes, a recuperação seja entendida como um castigo, uma punição, para outros, ela é uma chance de esclarecer dúvidas com o professor, retomar um conteúdo, aprender algo que foi negligenciado e de obter uma nova avaliação. É um momento de estudo específico, voltado para matérias que foram de difícil entendimento.

Os professores entrevistados apontaram duas formas de recuperação. A recuperação contínua — geralmente realizada no decorrer das aulas por meios de orientação e atividades diversas direcionadas às dificuldades apresentadas. E a recuperação paralela, comumente realizada no final de cada bimestre/trimestre ou semestre, situação em que o aluno recebe um plano de estudos para ser realizado e, em data previamente determinada, passa por uma prova a respeito do conteúdo dado.

A professora Açucena ressalta como a escola em que trabalha compreende o processo de recuperação e as possibilidades que o professor tem para alcançar esta finalidade:

> *Se numa prova o aluno não foi bem, então nós já vamos tentar corrigir ali... Tem aluno que não fica de trimestral porque a gente já conseguiu corrigir a nota.*
>
> *Você dá uma atividade para aquele aluno para recuperar o conteúdo, você dá uma lista, você trabalha de novo; assim que chega um retorno da prova, não deixa a situação piorar.*
>
> *Para esses alunos que têm dificuldade, é importante retomar os conteúdos. Eu preciso retomar, às vezes, soma de fração, porque eles erram a regra, que é simples.*

Diante destes comentários, nota-se a preocupação e dedicação do professor em sanar a dificuldade do aluno logo de início, de forma que não prejudique a continuidade do conteúdo e a compreensão da matéria.

Com relação à recuperação paralela, chamada de recuperação trimestral no Colégio Mediação, o professor Bento explica que *"A recuperação não é encarada como castigo, e sim, uma forma de aprender de novo, intensificar!"* Ele traz o exemplo de uma aluna do E.M.:

> *A gente já teve casos aqui de aluna minha que tinha problema para fazer prova com todo mundo junto, por causa da questão*

> do tempo. Aí ela ficava de recuperação... ela ia lá nos "quatrinho"... Ela ficava de recuperação, e ela aí tinha um "tempo maior do mundo" para fazer as provas. Isso desde o primeiro ano. E aí ela gabaritava na minha prova de recuperação. (...) Eu acho que ela não tinha eu ali do lado, porque a prova de recuperação aqui é outro professor que aplica (...) A gente dá aula de recuperação, ela participava e foi aumentando a participação dela durante os anos. A gente foi pegando mais intimidade e chegava nas recuperações, ela "mandava ver", muito bem. Então ela não ligava de ficar de recuperação, por que era a chance de ela estudar mais e ela arrebentava (arrebentava!)

Bento comenta ainda a respeito da recuperação anual, que ocorre no final ano. É mais um recurso que o aluno tem à sua disposição, quando não atinge a pontuação mínima necessária para a aprovação na série. Na recuperação anual, geralmente o aluno tem um prazo reduzido para estudar o conteúdo do ano letivo e realizar a prova. Portanto, Bento apresenta uma estratégia diferente, praticada na escola com muito êxito:

> Para a recuperação anual, a gente está com uma ideia... de fazer um processo um pouco diferente... O aluno que não conseguiu recuperar o primeiro tri, não conseguiu recuperar o segundo, e que a gente vê que ele tende a ficar no terceiro e de recuperação final, a gente já libera uma lista para ele. Assim, ó... "esse vai ser o conteúdo cobrado. Conselho da escola e do professor: comece a refazer e vem tirando as dúvidas com o professor".
> Essa proposta de lista para a Recuperação Anual funcionou legal no ano passado... os alunos que levaram a sério estudaram, tiveram assiduidade no estudo... melhorou o resultado do final do ano.

Neste comentário, Bento destaca que os alunos aderiram a essa estratégia e tiveram melhor desempenho na recuperação anual, pois foi dado um prazo maior para que se preparassem com mais segurança para o dia da prova. Geralmente, há poucos dias de intervalo entre o aluno receber o resultado da recuperação e a aplicação da prova, propriamente dita. Na escola pesquisada, os professores analisaram os registros das notas obtidas durante o ano letivo e listaram os que fariam a recuperação anual. Para estes alunos, foi dada uma oportunidade para fazerem listas de exercícios, com a intenção de retomar o conteúdo e resolver as dúvidas com os professores em sala de aula, no decorrer do último trimestre.

2. Atuação da equipe pedagógica: conselho de classe

A escola é fruto da atuação conjunta da direção, coordenação, professores, funcionários, estudantes e pais. A Coordenação Pedagógica atua muito próxima aos professores, contribuindo positivamente para as questões de relacionamento, seja nos momentos de atendimentos aos alunos e familiares, seja no Conselho de Classe.

O coordenador pedagógico atua para que haja uma **boa comunicação** entre a direção, professores, alunos e entre a família e a escola. Quando existe uma relação afinada, ele é capaz de guiar as ações, objetivando sempre o melhor desempenho do todo. Por isso, na escola Mediação, é dele a função de informar pais e responsáveis quanto à situação escolar de seus filhos, sobretudo em casos de dificuldades. Como reforça o professor Bento:

> Primeiro a coordenação chama o aluno, pra ver se ele vai ter alguma mudança de postura até terminar o trimestre, para poder orientar para uma monitoria, um estudo extra, fazer um plano de estudo, para não deixar só para recuperação... Depois que fecharam as notas do trimestre, analisa se precisa chamar o pai.

O coordenador pedagógico é o profissional ativo, pronto, desenvolto e dinâmico que instrui e encaminha o trabalho coletivo. Cabe-lhe o importante papel de construir e efetivar a conexão entre os indivíduos envolvidos no processo educacional.
É relevante e pertinente salientar que é esperado dele o apontamento de estratégias e alternativas, a reunião de ideias, o levantamento de recursos e sugestão de modos para renovar e inovar a prática escolar. Seu papel é fundamental para a **melhoria das ações pedagógicas**.

O coordenador medeia o saber, o saber fazer, o saber ser e o saber agir do professor. Essa atividade mediadora se dá na direção da transformação, quando o coordenador considera o saber, as experiências, os interesses e o modo de trabalhar do professor, bem como cria condições para questionar essa prática e disponibiliza recursos para modificá-la, com a introdução de uma proposta curricular inovadora e a formação continuada voltada para o desenvolvimento de suas múltiplas dimensões. (ORSOLON, 2010, p. 22)

Algo que deve receber grande destaque no tocante à atuação da coordenação pedagógica é a necessidade de formação continuada, tanto para professores, quanto para coordenadores. O coordenador pedagógico tem também a função de viabilizar, dentro e fora da instituição escolar, a formação continuada do corpo docente por meio de cursos e encontros focados na melhoria da prática pedagógica. A articulação entre teoria e prática decorre da intervenção do coordenador pedagógico, sendo dele a função de ponderar e expressar **aos professores questões salutares quanto às suas práticas, mediante as condições e necessidades dos alunos**. Para isso, ele estabelece e define junto ao corpo docente os procedimentos e as ferramentas, assim como as ações, focados na melhoria do processo de ensino e aprendizagem, no desenvolvimento do conhecimento e no estreitamento das relações interpessoais.

A professora Eva compartilha, durante a entrevista, a atuação da coordenação pedagógica, em casos de dificuldades de relacionamento entre professor e aluno:

> *Pra eu colocar o aluno pra fora de aula para falar com a coordenação... é porque eu já fiz de um tudo, eu já não sei mais o que fazer... então eu peço ajuda! Não é uma punição: "você não vai sair pra não assistir minha aula!". Na verdade, sou eu pedindo ajuda porque não sei mais o que fazer.*

Baseando-se em diálogo, habilidade de escuta ativa e discussões construtivas, a coordenação do colégio Mediação intervém com os alunos (nos momentos de condução e resolução de conflitos), buscando soluções para os problemas existentes, baseadas em respeito, cooperação e responsabilidade. A professora Eva compartilha:

> *No colégio, a gente costuma chamar a coordenação, que faz um trabalho de coaching com os alunos, sempre tentando fazer com que o aluno visualize o que ele fez de errado e o que ele pode fazer para melhorar. E a gente vai cobrando na sala de aula: "olha, você falou que faria isso... combinou tal coisa... e você não está cumprindo com a sua fala..."*

Segundo os depoimentos colhidos, o coordenador pedagógico contribui para que o trabalho dos docentes não perca o foco e nem se distancie do projeto pedagógico como um todo. Cabe a ele a tarefa de aprimorar o repertório dos professores em favor da aprendizagem significativa dos alunos. Junto com o professor, ele contribui para a identificação dos principais problemas e lacunas do processo de aprendizagem, e agir de forma a tornar possível realizar modificações necessárias para que a escola alcance as principais metas pedagógicas propostas. A professora Açucena destaca:

> *Geralmente o aluno que tem dificuldade em qualquer disciplina, a coordenação chama para conversar. (...) A escola (coordenação) tem o controle de todas as notas vermelhas que a gente tem em cada prova. Então, a coordenação chama aluno por aluno para conversar, ela tem esse cuidado.*
> *Sinaliza que alguma coisa aconteceu... Se for recorrente, [é porque] o aluno não deu conta sozinho, chama o pai ... e a gente vai trabalhando em união, porque eu acho que, neste ponto, um aluno do 6º ano não se vira sozinho.*
> *A coordenação tem um parâmetro das notas, passando as primeiras provas. Fora tudo aquilo que nós passamos no dia-a-dia das aulas.*

Complementarmente, o colégio Mediação realiza (por meio da coordenação pedagógica) um momento, quando os alunos avaliam a atuação dos professores em cada disciplina. Nessa situação, a opinião do aluno é solicitada e respeitada pelos professores e equipe pedagógica. O envolvimento do aluno com o processo de aprendizagem aumenta muito.

A professora Açucena faz um comentário pertinente sobre esta avaliação:

> A gente tem um momento lá no colégio chamado Positivo e Delta. O Positivo é aquilo que está legal, o Delta é aquilo que pode melhorar, e a gente faz sobre a aula de Matemática. Então, todos eles falam: "esta sala é uma sala que não faz muitas lições de casa. Então, é um delta lá nas tarefas, porque podemos melhorar mais isso." Eu faço com eles e a coordenação também faz.
> O Delta é aquilo que pode melhorar, e não aquilo que está ruim! Eu não friso o negativo, eu não friso o ruim! Onde nós estamos errando, para fazermos juntos. É uma coisa que eu falo muito: "eu não consigo sem vocês. Se vocês estão com dificuldades e não me sinalizarem de alguma forma, eu não consigo... porque eu só vou descobrir na prova... e é muito ruim descobrir na prova assim!"

A respeito da participação efetiva do aluno no processo de mudança da atuação do professor, Orsolon (2010) destaca:

> O aluno é um dos agentes mobilizadores da mudança do professor; assim, é fundamental planejar situações que permitam efetivamente sua participação no processo curricular da escola. Criar oportunidades e estratégias para que o estudante participe com opiniões, sugestões e avaliações do processo de planejamento do trabalho docente é uma forma de tornar o processo de ensino e aprendizagem mais significativo para ambos. (...) o olhar do aluno instiga o professor a refletir e avaliar, com frequência, seu plano de trabalho e redirecioná-lo. É também oportunidade para o professor produzir conhecimento sobre seus alunos (dimensão da formação continuada) e vivenciar posturas de flexibilidade e de mudança. (2010, p. 24)

Dentro desta perspectiva, o conselho de classe configura-se um espaço de avaliação coletiva do trabalho escolar, porquanto parte da estrutura organizacional da escola, e tem por objetivo refletir sobre o trabalho pedagógico e favorecer uma avaliação global do estudante, assim como da ação do docente, em vista dos resultados de cada turma, em um determinado período do ano letivo.

Dalben (1995, p. 16) destaca o quanto o Conselho de Classe é essencial, ao dizer que "guarda em si a possibilidade de articular os diversos segmentos da escola e tem por objeto de estudo o processo de ensino, que é o eixo central em torno do qual se desenvolve o processo do trabalho escolar". Esta afirmação evidencia e reforça o processo de ensino e a sua relação com a aprendizagem, ou seja, o objeto do Conselho de Classe é o ensino e as suas relações com a avaliação da aprendizagem. É um momento de grande importância para explorar e articular questões didático pedagógicas (por meio da troca de informações sobre os alunos), para se beneficiar de seu potencial gerador de ideias e de espaço educativo, de modo a garantir intervenções efetivadas e bem-sucedidas.

Na presente pesquisa, o professor Bento destaca:

> O Conselho Classe é bem aproveitado, não tem pressa. Até de aluno bom às vezes a gente fala. "O Conselho de Classe é pra todo mundo." Às vezes, por uma questão de tempo, no Conselho de Classe foca-se nos alunos que estão com notas baixas, mas passamos de um por um, dando um "OK": "Tá tudo bem com esse? Tá tudo bem. E com esse...?" Às vezes, o aluno tem nota boa, mas... "Ó, podia melhorar nisso, esse outro decaiu..."

Por esta fala, percebe-se que, para além de se focar em notas obtidas pelos alunos, a equipe pedagógica se preocupa com o desenvolvimento do educando no dia a dia, para compreender as questões de aprendizagem, relacionamentos, aspectos emocionais, que interferem no seu crescimento e desenvolvimento.

Ao longo das entrevistas, é possível compreender a atuação da Coordenação Pedagógica em conjunto com os professores, de forma a planejar estratégias e recursos que visem ao crescimento do aluno, como destacam Oliveira e Machado (2017, p. 11):

> Característica do Conselho de Classe, enquanto momento de avaliação do processo de ensino e aprendizagem, é propor reto-

mada de conteúdos essenciais, planos de recuperação de alunos, mudanças de estratégicas metodológicas e do processo de avaliação quando necessário. Define também a finalidade do Conselho e sua organização, deixando claro que o aluno será o centro deste processo de avaliação, mas que o professor, ao avaliar o aluno, este também se autoavalia, pois o processo de avaliação do aluno dá subsídios para construir o processo de avaliação do professor.

O conselho de classe é um espaço construtivo produtor de sugestões, soluções e recursos para questões didático-pedagógicas, oportunizando aprendizagem concreta a todos os alunos, e ao professor, uma reflexão de sua própria prática. Não pode ser considerado somente uma reunião com objetivo único de decidir o futuro daqueles alunos que não alcançaram a média que o professor considerou justa. Torna-se, deste modo, fundamental a sua presença assídua na realidade escolar, com uma postura de responsabilidade frente a questões de ensino e aprendizagem e às relações sociais presentes na escola.

III. Considerações finais

A transformação significativa ocorre na vida escolar dos nossos alunos quando professores, coordenação pedagógica e a escola atuam com recursos, jeitos e formas diferenciadas que contribuam para o desenvolvimento desses alunos e aquisição de novos conhecimentos.

> É importante reconhecer e relembrar que não há professor sem aluno. Isso significa que o ensino e aprendizagem só acontece quando se instituiu uma relação pedagógica entre professor, alunos e conhecimentos. Para que essa relação de fato aconteça, é necessária a constituição de um espaço escolar em que todos os envolvidos estejam em sintonia e coerência, promovendo a liberdade do educador e do aluno e potencializando ambos para a geração de novos conhecimentos. (MORAES, 2019, p. 120)

Neste sentido, a transformação permanece, uma vez que os professores atuam de forma a promover em seus alunos a aprendizagem significativa, pois lhes é permitido atuar de diversas formas, com diversos recursos, para que se atinja em sua plenitude o aluno que apresenta um baixo desempenho.

A aprendizagem por pares, chamada de Monitoria na escola pesquisada, é um dos recursos utilizados, pois é pensada e desenvolvida de forma que alunos mais velhos auxiliem os mais novos. Destacam-se também os benefícios da monitora para o próprio monitor, pois o aluno assume uma postura de responsabilidade para com seu monitorado.

O professor pensa em uma dinâmica de aula a qual permita um ambiente colaborativo e proporcione o fazer do aluno sob a orientação do educador, favoreça atividades diferenciadas, utilize linguagens diferenciadas, momentos avaliativos contínuos e diferentes formas para auxiliar seus alunos a obterem uma melhor compreensão. Sendo assim, seu papel é fundamental na construção de novos saberes e sua responsabilidade aumenta, pois necessita adaptar-se às diferentes linguagens e criar oportunidades para além das situações educativas, transcendendo a sala de aula.

Quando professores e coordenação pedagógica atuam em conjunto na elaboração de estratégias diferenciadas para acompanhamento dos resultados obtidos nas provas — em conversas regulares com as famílias dos alunos e em resoluções de conflitos que ocorrem no dia a dia escolar, vemos uma caminhada que tem como alvo a formação do aluno, o seu sucesso, a melhora em sua aprendizagem, considerando-o como um ser particular e que necessita de cuidados e orientações individualizadas. É incentivado o compartilhamento de práticas pedagógicas bem-sucedidas, assim como receber o apoio necessário para melhor desempenhar o seu fazer na sala de aula.

Mas como conseguir uma aprendizagem de qualidade, que atinja a todos educandos, considerando-se que as turmas variam de 25 a 35 alunos aproximadamente, na realidade da escola particular?

Não existem fórmulas, nem receitas prontas; o que existe são investimentos, intenções e práticas diferenciadas que valorizem as particularidades dos alunos. E, principalmente, momentos de revisão coletiva da prática desenvolvida por todos os educadores.

A exemplo, Luckesi retoma a ideia das parábolas do semeador e jardineiro, segundo a qual a diferença está que "o semeador semeia e *espera* que os frutos cheguem; o jardineiro *cuida* para que os frutos cheguem" (2014, p. 114). O professor se equivale ao jardineiro, é aquele que cuida do real e da prática, no desejo de melhores resultados. O olhar do jardineiro está voltado para encontrar soluções para os desafios e impasses do cotidiano de sala de aula, uma vez que estes estão em nossa realidade justamente para que pensemos e busquemos, juntos, novas formas de solução para os problemas reais.

Os professores compreendem quais são as teorias e metodologias que são eficazes, diferenciadas, atualizadas e significativas; a questão é o próximo passo, como torná-las práticas em favor do desejo e da necessidade, tendo como objetivos os nossos alunos?

Encontramos uma realidade em que este próximo passo está sendo dado, pois nos deparamos com professores que fazem uso de estratégias que visam a *cuidar* para que os frutos cheguem. As práticas diferenciadas são pautadas nas histórias de vida dos professores, na compreensão que eles têm a respeito da importância da afetividade para o processo de ensino e aprendizagem, na formação continuada da equipe pedagógica, no significado que o professor tem a respeito da aprendizagem de seus alunos, em como este professor vê seu aluno em sala de aula e, finalmente, no que significa ser professor.

Professores que não refletem, que não ressignificam suas práticas pedagógicas, não se atualizam, não voltam seu olhar e seu sentir para seus alunos, não são jardineiros na educação; serão sempre um milho de pipoca que não se transforma com o calor do fogo, como diria Rubem Alves.

Os alunos com baixo desempenho acadêmico, por vezes tímidos e isolados, necessitam ser motivados, instigados e normalmente isto está ligado às relações de afetividade e de troca que eles estabelecem com o meio, com seus professores e colegas de classe. Pensar em mudanças na atividade partilhada pode promover novas significações, novas valorações e, consequentemente, novas formas de sentir, pensar e agir.

Os alunos que vivenciam situações de não aprendizagem no contexto escolar, por vezes alimentam crenças de incapacidade e inadequação as quais podem contribuir para uma baixa autoestima, desacreditando de suas potencialidades e gerando emoções não saudáveis. Assim sendo, tais alunos precisam de condições de vida que permitam a formação de um pensamento mais organizado e melhor estruturado, em que significados e sentidos não sejam tomados de forma fragmentada e que estabeleçam vínculos saudáveis com seus professores e colegas de classe. (MORAES, 2019, p. 123)

O educador pode contribuir para o sucesso ou fracasso de um aluno, pois a vida pode ser limitada pela insegurança e pela indecisão, ou ser conduzida pela alegria de crescer e aprender, a satisfação para fazer amigos e construir a felicidade.

Nesse sentido, precisamos caminhar em busca de uma escola que tenha como princípios a aprendizagem significativa, em que a afetividade seja uma ponte que conduz o aluno ao seu conhecimento e que ofereça espaço aos seus alunos para se formarem sendo cidadãos com possibilidades de voar mais alto e de delinear um futuro passível de ser realizado.

A avaliação, portanto, consiste em um ato de solidariedade aos alunos, que busque auxiliar a continuidade da caminhada e não simplesmente a interrupção, a reprovação. A aprendizagem não depende só do aluno, mas principalmente da atuação da escola.

Referências

BRASIL. Senado Federal. Lei de Diretrizes e Bases da Educação Nacional n. 9394/96. Brasília. 1996.

CLEMENTI, Nilba. A voz dos outros e a nossa voz. In: ALMEIDA, Laurinda R. de; PLACCO, Vera Maria N. S. (orgs.). *O coordenador pedagógico e o espaço da mudança*. São Paulo: Loyola, 2010.

DALBEN, Ângela Imaculada L. F. *Trabalho escolar e conselho de classe*. Campinas: Papirus, 1995.

GOMES, Candido A. A escola de qualidade para todos: abrindo as camadas da cebola. Ensaio: *avaliação e políticas públicas em Educação*. Rio de Janeiro, v. 13, n. 48, 2005. Disponível em: <http://www.scielo.br/pdf/ensaio/v13n48/27551.pdf>. Acesso em: 4 nov. 2018.

GUEDES, Beto. *O sal da terra*. Rio de Janeiro: EMI — Odeon, 1981.

LUCKESI, Cipriano C. *Avaliação da Aprendizagem: componente do ato pedagógico*. São Paulo: Cortez, 2011.

_____. *Sobre notas escolares: distorções e possibilidades*. São Paulo: Cortez, 2014.

MORAES, Nádia de Araújo Luciani Leite de. *Aluno avaliado com baixo desempenho na perspectiva do professor do Ensino Fundamental II*. 175f. Dissertação (Mestrado em Psicologia da Educação) — Pontifícia Universidade Católica de São Paulo, São Paulo, 2019.

OLIVEIRA, Márcia; MACHADO, Maria Cristina. G. *O papel do conselho de classe na escola pública atual*, 2017. Disponível em: <http://www.diaadiaeducacao.pr.gov.br/portals/pde/arquivos/2199-6.pdf>. Acesso em: 17 jul. 2019.

ORSOLON, Luzia Angelina M. O coordenador/formador como um dos agentes de transformação da/na escola. In: ALMEIDA, Laurinda R. de; PLACCO, Vera Maria N. S. (orgs). *O coordenador pedagógico e o espaço da mudança*. São Paulo: Loyola, 2010.

Conversando sobre relações interpessoais no contexto escolar

Laurinda Ramalho de Almeida[1]
(laurinda@pucsp.br)

Introdução

> *Não fui à escola, acompanhei os fuzileiros, depois enfiei pela Saúde, e acabei a manhã na praia da Gamboa. Voltei para casa com as calças enxovalhadas, sem pratinha no bolso nem ressentimento na alma. E, contudo, a pratinha era bonita e foram eles, Raimundo e Curvelo, que me deram o primeiro conhecimento, um da corrupção, outro da delação; mas o diabo do tambor...*
> (Machado de Assis, 2002, p. 28)

Conto de escola narra um fato que se passou em uma escola do Rio de Janeiro, em 1840. Em toda a obra de Machado de Assis, suas descrições são primorosas e enxutas, deixando ao leitor suas interpretações. No entanto, para facilitar o entendimento do conto para quem não o leu (vale a pena fazê-lo; os escritos de Machado de Assis são excelente modelo para descrições rigorosas, além de oportunidade para ampliar o vocabulário), vou caracterizar os personagens que aparecem no *Conto*.

---

1. Professora e vice-coordenadora do Programa de Estudos Pós-graduados em Educação: Psicologia da Educação (PED) e professora do Mestrado Profissional em Educação: Formação de Formadores (Formep), ambos da Pontifícia Universidade Católica de São Paulo (PUC-SP).

Pilar é o narrador, já adulto, que relembra um fato de sua infância ocorrido na escola; era bom aluno e terminava logo as atividades, mas sempre lhe era difícil decidir entre ir para a escola ou passear pelas belezas do Rio de Janeiro; Raimundo era colega de Pilar, muito cobrado nas aulas pelo professor, seu pai, e não tinha a mesma desenvoltura para os estudos como Pilar; Curvelo era colega de ambos, mais velho e ardiloso, sempre pronto para tirar vantagem do que observava; o professor Policarpo, severo, que exigia mais de Raimundo do que de outros, por ser ele seu filho.

Para sair-se bem frente à classe e ao pai, Raimundo propõe a Pilar uma "pratinha" que ganhara da mãe, como troca para que o colega lhe aprontasse a lição que não conseguia entender. A troca foi feita com cautela, porém, Curvelo percebeu e revelou ao mestre o acontecido, o qual considerou o fato como suborno. Chamados à frente da classe, Pilar e Raimundo foram duramente repreendidos, humilhados e castigados com palmatória e a "pratinha", jogada pela janela por Policarpo. Foi esse contexto que reverberou na epígrafe escolhida para iniciar este capítulo.

Lembrei-me dele por ter ouvido a narrativa de um fato que aconteceu recentemente. A mãe de Pedro, criança de 10 anos, desejava transferir seu filho da escola que frequentava para outra que apresentasse proposta pedagógica e outros recursos que atendessem aos objetivos que considerava importantes para a continuidade satisfatória dos estudos. Em uma das escolas visitadas, a coordenadora pedagógica gentilmente levou-os (mãe e filho) para conhecer as dependências da escola: salas tecnológicas, quadra esportiva; explicou os projetos que a escola desenvolvia. Pedro observava e ouvia, sem comentários. Finda a visita, a coordenadora perguntou-lhe se desejava saber mais alguma coisa. A pergunta veio rápida: "Esta escola tem justiça?"

Com uma distância de quase dois séculos, Pilar e Pedro constataram que a escola é um lugar de múltiplas aprendizagens que decorrem não só de recursos materiais até sofisticados ou de propostas pedagógicas avançadas. São aprendizagens que chegam da relação eu-outro, principalmente nas relações interpessoais. Pilar se refere à sala de aula, onde o professor é o gestor, tanto do conteúdo como das relações entre todos do grupo classe, no qual também está incluído. Pedro se refere à instituição escolar. Possivelmente, Pedro também vivera um "conto de escola" que poderia narrar; e, com certeza, nesse não incluiria só questões de conteúdo.

Embora reconhecendo que vivemos em uma época de turbulência de valores, alguns deles precisam ser apresentados e representados pelo professor, porque são eles que vão garantir a sobrevivência de nossa espécie como humanos: a justiça, a dignidade, o respeito e a solidariedade. São valores a serem defendidos por toda a comunidade escolar, começando na sala de aula.

Em capítulo de outro volume desta Coletânea (ALMEIDA, 2019), defendi a ideia de que o professor não reconhece o papel que desempenha na vida do aluno; não reconhece o quanto suas ações pautam as ações dos alunos. Referi-me especificamente ao professor, porque, na escola, é o profissional que permanece mais tempo com o aluno; no entanto, tenho clareza de que as aprendizagens de valores não estão circunscritas só à sala de aula, mas em todas as dependências da escola. Tenho clareza, também, de que o professor se constitui frente a diferentes contextos: no contexto da sociedade em que vive; no contexto do sistema educacional de sua rede de ensino; no contexto da escola que tem uma cultura própria. Mas, como ele é constituído por esses meios e também os constitui, todos esses contextos intervêm em sua constituição como pessoa: o que é, quais seus valores, como se representa, como se vê representado — e é sua pessoa que chega ao aluno. Ele é, para o aluno, corpo, cognição e afetos, o importante representante da humanidade e da cultura por ela acumulada.

Os valores e o meio social escola

O que em mim sente está pensando.
(Fernando Pessoa, 1980, p. 99)

O que é a justiça, invocada por Pedro? O que são corrupção e delação, aprendidos por Pilar na escola? Não ouso discutir tais valores no plano filosófico. Proponho-me a discuti-los no que posso chamar de ética do cuidado, o que significa, para o educador, escolher este ou aquele caminho para sua atuação, tendo a consciência da escolha feita. Consciência que implica em aceitar que, quando está com seus alunos, estes não estão só no processo de aprendizagens cognitivas, mas também de valores e atitudes. Ou seja, o professor está construindo subjetividades. A concepção de justiça que a criança e o jovem têm (e que podem ou não carregar para a vida adulta) vem da vivência que tiveram nos diferentes meios sociais pelos quais passaram. Pouco lhes significa a discussão do conceito de justiça no plano intelectual, se o professor escolher esse caminho. A concepção de justiça (da qual decorrem outros valores) lhes chega pela vivência do que é ser justo na prática que o professor realiza. Assim, na integração entre o sentir e o pensar, entre o afetivo e o cognitivo, o professor está construindo conhecimentos e valores.

A escrita aperfeiçoa o olhar para melhor perceber o contexto de hoje, mas também para enxergar o ontem. Então, ao escrever este tópico, com os olhos da memória, vejo nitidamente uma frase escrita na lousa, há décadas, com *letra pedagógica*, por uma professora que desejava formar bons professores: "O que és fala tão alto que não posso ouvir o que dizes".

Mas lembro também de Makarenko, no contexto da Revolução Russa de 1917. É certo que o professor, hoje, nestes tempos sombrios de desigualdade social, enfrenta muitos desafios. Makarenko também os enfrentou, ao propor desenvolver a autonomia e a solidariedade nos jovens sem abrigo que ficaram sob sua responsabilidade. Com detalhes, no *Poema Pedagógico* (MAKARENKO, 1985, 1986), descreve sua experiência na Colônia Gorki, na qual desempenhou com maestria sua função de educador, buscando a coerência entre os objetivos individuais e os coletivos. Sua aguda observação lhe permitia identificar os detalhes do cotidiano das ações individuais para propor ações coletivas e solidárias, em função das necessidades do momento. Não escondia suas emoções e seus sentimentos, antes aproveitava os momentos de explosão, seus e dos jovens, como estratégia pedagógica, para se conhecerem e reconhecerem seus valores.

Os acontecimentos que viveu com seus jovens educandos fizeram do *Poema Pedagógico* um clássico, que continua sendo referência para o pensar pedagógico, principalmente porque mostra a sensibilidade de um pedagogo de "ver em cada um de seus problemáticos educandos antes de tudo um grande diapasão de possibilidades" (BELINKY, 1985, Apresentação).

O que tentei compartilhar é que vejo um princípio ético na ação do cuidar que se faz na escola, o que configura o cuidado como um processo intencional. Cuidar para que o aluno se desenvolva em conhecimentos e valores implica que, na relação educador-educando, se consiga unir razão e emoção, equilibrar necessidades individuais e coletivas, fazer aflorar saberes sabidos e não sabidos, em ambos os polos da relação, ensinar-aprender. Por isso, o cuidar é processo complexo e desafiador, o que não impede de ser perseguido.

Relações interpessoais formador-formando[2]

Eu espero um acontecimento.

(Elaine, Professora)

Esta foi a resposta dada por uma professora de Língua Portuguesa, quando lhe perguntei sobre sua expectativa ao ir para uma reunião de formação. Que tipo de acontecimento?

Acontecimento... aquilo que traz uma mudança ou um impacto real na minha prática. Muitas vezes, vinham temas aleatórios que não tinham nada a ver com minhas necessidades. Quando percebia que tinha a ver, era um acontecimento. Eu era professora de Língua Portuguesa, com carga grande; qualquer coisa que me ajudasse, que me permitisse dar aulas melhores, que facilitasse minha vida de professora, era um acontecimento.

---

2. Tenho aprendido muito com meus alunos do Mestrado Profissional em Educação: Formação de Formadores, da PUC-SP. Neste tópico, cito três deles: Elaine, Harley e Ana Cláudia, meus orientandos.

O que Elaine explicita é o desejo de dar conta de atender ao direito que todas as crianças e jovens têm de aprender, e com qualidade. Mas explicita, também, que deseja uma formação que atenda às necessidades que o cotidiano das aulas lhe suscita.

Se Elaine fala da perspectiva de formanda, Harley o faz do ponto de vista de formador:

> *Tem me incomodado muito o fato de que nós, formadores, exigimos muito do professor. Pedimos que eles sejam empáticos, mas não praticamos a empatia com eles. Não nos colocamos no lugar deles. Não enxergamos o professor real, com suas necessidades cotidianas. Olhamos as necessidades formativas centrados em nós, e não neles.*

Acrescento às falas de Elaine e Harley o que a experiência me tem mostrado — que, falando sem ouvir, ouvindo sem compreender de fato o que o outro está querendo dizer, a conexão formador-formando se quebra. Uma escuta empática tem uma força poderosa nos relacionamentos interpessoais. Nada magoa mais do que sentir que o outro se fecha para ouvir o que realmente quero dizer, principalmente quando não encontro as palavras adequadas para fazê-lo. Crianças, jovens e adultos, todos, em qualquer idade, têm necessidade de comunicar o que sentem, de compartilhar suas experiências.

Ana Cláudia relata um episódio que envolveu sua relação com a coordenadora. Quando professora iniciante, participou de um Conselho de Classe convocado para discutir "casos difíceis" e, entre eles, estava um aluno seu, visto, pelos professores, como sem qualidades para continuar na classe regular. Timidamente, julgando-se inexperiente, ousou pronunciar-se e defender aquele aluno: não sabia o que havia "de certo nele", mas talvez os professores não estivessem conseguindo interpretá-lo. Saiu da reunião com a sensação de que não fora ouvida, porém, na reunião seguinte, a coordenadora retomou a discussão, alegando que a fala da professora mudou seu olhar e que se deveria pensar em outra forma de intervenção com o garoto. Ao narrar esse episódio, Ana Cláudia enfatiza o quanto essa atitude da coordenadora valorizou-a e a encorajou a continuar no magistério. Narra ainda que, tempos depois, ao conversar com a coordenadora sobre o acontecido, percebeu que esta também se sentiu valorizada.

O incidente relatado traz à cena a importância do reconhecimento no trabalho, questão que vem ganhando força nas últimas décadas. O trabalho vem sendo visto não só em termos de execução de um produto, mas como um elemento constitutivo da identidade. Vou valer-me de um conceito da Psicologia Humanista, particularmente da abordagem rogeriana, para justificar essa afirmação. A necessidade de o indivíduo perceber que suas experiências são consideradas pelo outro de forma positiva é postulada nessa abordagem como necessidade de consideração positiva. Surge, em decorrência, a necessidade de que ele próprio se perceba como pessoa de valor — é a denominada necessidade de consideração positiva de si.

> Ou seja, a valorização de si, a consideração positiva de si, nasce da consideração positiva dos outros em relação ao sujeito, o que permite postular que é no social, nas relações com outras pessoas, que a possibilidade de ver-se como de valor e reconhecer-se positivamente em relação ao que se é e se faz na profissão, torna-se possível. (ALMEIDA; PLACCO; SOUZA, 2016, p. 67)

Professores desejam ser atendidos em sua necessidade de consideração positiva por coordenadores que respeitem e valorizem seu trabalho e, dialeticamente, por um movimento de reciprocidade, atendem à necessidade de seus coordenadores se perceberem reconhecidos pelo seu trabalho.

O Outro em nós

> *Acho que por muito tempo me acostumei a escrever pressupondo sua vigilância, seus olhos alentadores ou críticos sobre meus ombros.*
> (Mario Vargas Llosa, 2019, p. 578)

Essa afirmação de Mario Vargas Llosa, consagrado escritor latino-americano, prêmio Nobel de literatura em 2010, refere-se a Julio Cortázar, que considera "meio que meu modelo e mentor" e a quem deu, ainda em manuscrito, seu primeiro romance para ser apreciado.

Porque essa frase me tocou, quando a li: eu, e possivelmente muitos de nós, sentimos os olhos de alguém vigiando nossas ações, um olhar de censura ou de encorajamento. Só que os olhos não são do Outro, são nossos, fazem parte de nós. Wallon (1986) dá um nome a esse Outro — *Socius* ou *Outro Íntimo*, um parceiro constante na vida psíquica do indivíduo. Para esse autor, a relação Eu–Outro permeia toda a constituição psíquica do indivíduo, embora de forma sincrética, no início da vida, até a sua morte. Três tipos de Outro (ALMEIDA, 2014) são referidos por ele: os outros, indivíduos concretos com os quais partilhamos relações, rápidas ou duradouras, por vezes em parceria, por vezes em lados antagônicos; o outro, empregado como conceito genérico para se referir a todos os outros. Mas, dentre esses, alguns passam a habitar dentro de nós. São os *Socius* ou Outros Íntimos. Nossos *Socius* trazem, sim, elementos das relações com muitos outros com quem nos relacionamos e que foram significativos e nos deixaram marcas. Nossos *Socius* não são concretos, mas fazem parte de nós, fruto da internalização de experiências que vivemos em diferentes meios pelos quais transitamos. São os representantes dos valores que foram introjetados nessa passagem. Com eles dialogamos nos momentos de decisões importantes, pois o *Socius*

> [...] um duplo do EU que lhe é concomitante e consubstancial, mas que nem sempre condiz com ele, tão longe dele está. Ele é o suporte da discussão interior, da objeção às determinações ainda duvidosas [...]. Ele é o confidente, o conselheiro, o censor e por vezes o espião que pode, quer permanecer íntimo, que reencarnar-se numa pessoa real [...]. (WALLON, 1975, p. 164)

Wallon (1986, p. 164) afirma a força do *Socius*: "O *Socius* é o fantasma do outro que cada um traz consigo". Fantasma tão potente que até regula as relações com os outros concretos, facilitando ou barrando a aproximação.

Por que o conceito de *Socius* entrou em nossa conversa?

Porque nós, professores, somos **outro** concreto para nossos alunos. Gestores, coordenadores, orientadores, assessores, somos outro concreto para nossos professores e demais componentes da comunidade escolar. Mas podemos almejar a significância de ser mais do que um outro concreto que passa em suas vidas sem deixar marcas. Podemos nos transformar em *Socius* ou *Outro Íntimo*. Inaparente, na maioria das vezes, mas "fantasma" colaborador que os ajudem a tomar decisões éticas, corajosas e solidárias.

Para finalizar

> *Onde a vida que perdemos quando vivos?*
> *Onde a sabedoria que perdemos no conhecimento?*
> *Onde o conhecimento que perdemos na informação?*
> (T. S. Eliot, 2004, p. 289)

Sou do tempo do exame de admissão ao ginásio, depois de quatro anos no ensino primário, quando recebia um diploma, no qual já estava embutida a possibilidade de terminalidade esperada por muitos. Meu grupo social, de famílias simples do interior, tinha consciência da escola como lugar do conhecimento. A informação, além da oral pelos amigos, chegava pelo rádio e pelas poucas revistas e livros que eram lidos, via de regra, por empréstimo. Mas havia a consciência de que a escola, esta sim, saberia juntar as informações vindas de longe e de perto, de muitos espaços e lugares e fazer o conhecimento chegar ao aluno. Para isso, se necessitava da mediação do professor, o que o tornava valorizado e respeitado[3]. Esperava-se que a escola, ao propiciar aprendizagens cognitivas, promovesse também os comportamentos para ser "bem sucedido na vida".

Desde cedo, aprendi a importância e o sabor das relações interpessoais com os familiares, com os amigos, com os colegas e

---

3. Via de regra, nas décadas de 1940 e 1950, as escolas públicas contavam com professores, diretor, secretário e inspetores de alunos. Todos eram valorizados e respeitados, pelos alunos e famílias.

com os professores, que me permitiam o acesso ao conhecimento, atendendo a minha curiosidade, que rapidamente se expandia.

Vivi, no primário e no secundário, uma escola pública de promessas[4] que, para mim, foram cumpridas, mas não o foram para muitos. Tive professores que me fizeram vibrar ao perceber que podia entrar em novos mundos, alguns nunca sonhados, pela magia do conhecimento. Professores que me proporcionaram uma ambiência de ensino que incluía valorização e respeito, mas não complacência. Professores que, na relação professor-conhecimento-aluno, me faziam sentir "uma aluna de grandes futuros". Acreditei e os persegui.

Aprendi que a aula é um espaço e tempo, reúne percepções, representações, desejos, sentimentos, validação de projetos individuais e coletivos. Pode ser um momento mágico, quando se está nela por inteiro — razão e emoção. Alguns de meus professores se tornaram *Socius* e por vezes os percebo sobre os ombros, encorajando-me ou censurando-me.

Se, no meu tempo de primário e secundário, as informações eram escassas, hoje elas chegam em avalanches. São tantas e de tão diferentes fontes que nos confundem, e por vezes quase nos levam de volta ao sincretismo infantil. Sinto que precisamos, mais do que nunca, da escola e do professor para fazer o tratamento das informações e ajudar os alunos a construírem sentidos que levem ao conhecimento.

Comenta-se que os professores perderam o controle da informação e precisam, então, ganhar a batalha do conhecimento. Concordo. Para tanto, há que se contar com o apoio da equipe gestora para assessorá-los tanto em questões relacionadas ao conteúdo e às estratégias de ensino, como às relações interpessoais, que são igualmente pedagógicas. Os relacionamentos, tendo ou

---

4. Natália Alves e Rui Canário, da Universidade de Lisboa, denominaram Escola e exclusão social: *das promessas às incertezas*, o relatório sobre as condições e a trajetória das escolas em Portugal, que lembram a situação brasileira. A escola das promessas foi a escola de massas que se seguiu às escolas das elites; surgiu após a II Guerra Mundial, trazendo três promessas: de desenvolvimento, de mobilidade social e de igualdade. O não cumprimento das promessas gerou uma escola de incertezas, que levou ao desencanto e à frustração.

não intencionalidade formativa, desenvolvem conhecimentos e valores.

Ouso complementar o comentário, inspirada por Eliot. Nós, educadores, precisamos ganhar a batalha do conhecimento e colocá-lo a serviço da sabedoria, entendendo-a como um modo de viver fundamentado nos princípios de justiça, respeito, dignidade e solidariedade. Com esse modo de viver com sabedoria, não perdemos nossa vida ao viver, porque vivemos para nós e para os outros. Ser educador não é isso?

Referências

ALMEIDA, Laurinda R. de. A questão do Eu e do Outro na psicogenética Walloniana. *Estudos de Psicologia*. Campinas: 31(4), out./dez. 2014, pp. 595-604.

_____; PLACCO, Vera M. N. S.; SOUZA, Vera L. T. Sentidos da Coordenação Pedagógica: motivos para permanência na função. *Psicologia da Educação*. São Paulo, 42, 1º Semestre 2016, pp. 61-69.

ALVES, Natália; CANÁRIO, Rui. Escola e exclusão social: das promessas às incertezas. *Análise Social*. Volume XXXVIII (169), 2004, pp. 981-1010.

ASSIS, J. M. Machado de. *Conto de Escola*. São Paulo: Cosac Naify, 2002.

BELINKY, Tatiana. Apresentação. In: MAKARENKO, Anton S. *Poema Pedagógico*. Vol. 1. São Paulo: Brasiliense S.A., 1985.

ELIOT, T. S. A Rocha. Coro I. In: ELIOT, T. S. *Obra completa*. Volume 1. Poesia. São Paulo: Editora ARX, 2004.

MAKARENKO, Anton S. *Poema Pedagógico*. Vol. 1. São Paulo: Brasiliense S.A., 1985.

_____. *Poema Pedagógico*. Vol. 2 e 3. São Paulo: Brasiliense S.A., 1986.

PESSOA, Fernando. *O Eu profundo e outros eus*. Rio de Janeiro: Nova Fronteira, 1980.

VARGAS LLOSA, Mario. O trompete de Deyá. In: CORTÁZAR, Julio. *O jogo da amarelinha*. São Paulo: Companhia das Letras, 2019.

WALLON, Henri. O papel do Outro na consciência do Eu. In: WEREBE, Maria José Garcia, NADEL-BRULFERT, Jaqueline (orgs.). *Henri Wallon*. São Paulo: Ática, 1986.

_____. Níveis e flutuações do EU. In: WALLON, Henri. *Objectivos e métodos da psicologia*. Lisboa: Editorial Estampa, 1975.

Sobre a ação reflexiva do CP: a formação como movimento de construção colaborativa

Vera Lucia Trevisan de Souza[1]
(vera.trevisan@uol.com.br)
Vera Maria Nigro de Souza Placco[2]
(veraplacco7@gmail.com)

Um refúgio? Uma barriga? Um abrigo para se esconder quando estiver se afogando na chuva, ou sendo quebrado pelo frio, ou sendo revirado pelo vento? Temos um esplêndido passado pela frente? Para os navegantes com vontade de vento, a memória é um porto de partida.
(Janela sobre a memória [II], Eduardo Galeano, 1994)

Temos afirmado, em muitos de nossos escritos sobre o fazer e o pensar do CP, que a natureza de sua atividade se assenta, prioritariamente, na **articulação** das ações que se desenvolvem no contexto escolar e na **formação** como ação caracterizada por

---

1. Doutora em Educação: Psicologia da Educação, docente do Programa de Pós-graduação em Psicologia, na Pontifícia Universidade Católica de Campinas. Co-coordena o grupo de pesquisa Contexto Escolar, Processos Identitários na Formação de Professores e Alunos da Educação Básica — CEPID.
2. Doutora em Educação: Psicologia da Educação, docente na Pontifícia Universidade Católica de São Paulo, nos Programas de Estudos Pós-graduados em Educação: Psicologia da Educação e Educação: Formação de Formadores. Coordena o grupo de pesquisa Contexto Escolar, Processos Identitários na Formação de Professores e Alunos da Educação Básica — CEPID.

processos permanentes voltados à promoção do desenvolvimento de sujeitos — professores e estudantes, e que contempla, também, as demandas e objetivos da **comunidade**.

Nas últimas elaborações, apresentadas em outras edições da coleção "Coordenador pedagógico", buscamos problematizar a formação e clarear a importância dessas duas dimensões da ação do CP — a articulação e a formação, defendendo que ambas se imbricam em um processo dialético indivisível, em que o conjunto de atuações articuladoras sustenta e dá condições ao desenvolvimento das ações de formação que, por sua vez, alimentam e promovem as ações articuladoras. (PLACCO & SOUZA, 2018, 2019).

Ocorre que, justamente por se tratar de processo reflexivo permanente, a ação do CP lida, inexoravelmente, com contradições, dentre as quais uma se destaca como desafio: por um lado, a recorrência de problemas do cotidiano da escola, que insistem em se manter na base de seus conflitos, como, por exemplo, o comportamento de alunos ou de seus familiares, provocadores, por vezes, da alienação do CP, como forma de sua sobrevivência ao desgaste. Por outro lado, e de modo concomitante, a manifestação do novo e do diverso, que se apresenta como demandas, caracterizadas pelo mistério presente nos dramas humanos, exige novas tomadas de consciência, novas compreensões e o perscrutar em busca dos motivos que se mantêm ocultos nos atos e expressões dos atores escolares.

Essas demandas se expressam e se revelam nas interações estabelecidas na escola, nas relações de poder e de afeto que caracterizam os diferentes espaços e dão origem a aproximações e afastamentos, nem sempre compreendidos e explicitados, mas que repercutem nas identificações e não identificações dos envolvidos nas atividades escolares.

A esse respeito, Walter Benjamim nos inspira:

> Quem pretende se aproximar do próprio passado soterrado deve agir como um homem que escava. Antes de tudo, não deve temer voltar sempre ao mesmo fato, espalhá-lo como se espalha a terra, revolvê-lo como se revolve o solo. Pois "fatos" nada são além de camadas que apenas à exploração mais cuidadosa entregam aquilo que recompensa a escavação. (1995, p. 239)

O que têm a escavar os CP? Qual a dimensão do contexto devem focalizar? Que relações? Por onde começar? Essa escavação é um exercício individual, solitário, ou exige parceria, troca e compreensão de outros processos, além dos próprios do profissional? Que recompensa esperar dessa escavação?

Temos também buscado pôr em relevo a importância da experiência, no exercício da ação do CP, visto sua relevância na construção de novas significações sobre o fazer da coordenação pedagógica e a identidade do profissional que a exerce. Entendemos aqui experiência na acepção que Bondía Larossa (2002) propõe: aquilo que nos afeta, nos provoca a repensar em nós mesmos, repensar em nossas ações e projetos. Para uma maior compreensão deste conceito, é importante não perder de vista que a significação da experiência se dá no contexto do conhecimento que a fundamenta, isto é, não é possível interpretar-se adequadamente as experiências, sem a compreensão dos fundamentos teóricos que a compõem e explicam.

Destas acepções, é possível pensar que a memória é algo a se valorizar, seja no âmbito do que já se construiu/desenvolveu sobre o fazer/pensar do CP, seja no que se tem socializado sobre as práticas que este profissional desenvolve nas escolas. Então, a memória pode ser tomada como um PORTO de partida, como poetiza Galeano. E a ideia de "porto" é muito cara, sobretudo se a contrapomos a "ponto", pois o porto é lugar de onde saem muitas e diversas pessoas e materiais e também o lugar de chegada de outras tantas e diferentes pessoas, ideias, memórias. O porto é aberto a muitas e diversas embarcações, com carregamentos também variados, que servem a muitas outras ações.

Em que medida o CP se dispõe a ser porto? E a escavar esse porto para (des)cobrir os lugares abertos, flexíveis, de onde podem brotar acolhimento e diálogo? Para se descobrir único e diverso? Para descobrir o significado do outro na construção de suas experiências e seu lugar nas experiências dos outros?

Nessa escavação, encontrará, sem dúvida, lugares claros, feitos de experiências significativas, que podem e devem pautar suas ações e as ações dos outros com quem atua na escola. E as memórias dos outros, em sua singularidade, são constitutivas de suas ações no enfrentamento da contradição que apontamos e sua superação, o que faz emergir novas e diferentes contradições, em um processo permanente que caracteriza o fazer, o pensar e o ser, na educação. Para o processo de escavação que necessita empreender em seu fazer, de modo a aprofundar sua reflexão e avançar na construção de sua prática — que é e deve ser sempre autoral —, o CP precisa, em seu "porto", exercitar o olhar de muitas perspectivas, pautado em suas experiências singulares e coletivas, que envolve sempre um outro, e também nos fundamentos teóricos que sustentam sua prática e seu modo de ver e compreender as pessoas e suas relações. Como afirma Bakhtin (2003):

> Quando contemplo um homem situado fora de mim e à minha frente, nossos horizontes concretos, tais como são efetivamente vividos por nós dois, não coincidem. Por mais perto de mim que possa estar esse outro, sempre verei e saberei algo que ele próprio, na posição que ocupa, e que o situa fora de mim e à minha frente, não pode ver: as partes de seu corpo inacessíveis ao seu próprio olhar — a cabeça, o rosto, a expressão do rosto —, o mundo ao qual ele dá as costas, toda uma série de objetos e de relações que, em função da respectiva relação em que podemos situar-nos, são acessíveis a mim e inacessíveis a ele. Quando estamos nos olhando, dois mundos diferentes se refletem na pupila dos nossos olhos. (p. 43)

Ou seja, seu olhar deve se dirigir para além dos "fatos" tão bem descritos e reproduzidos nos discursos já naturalizados na escola, em que se professa o poder do instituído, para propor e agir de modo diferente, oferecendo-se novas embarcações e mesmo novos "portos". Mas também não se pode deixar para trás o que não vemos, tomar o visto como verdade e dar as costas ao que não é percebido. Esse movimento só é possível quando nos olhamos pelo olhar dos outros, seja ele espelhado em suas pupilas, como refere Bakhtin, ou em suas atribuições, conforme apresentamos nos textos em que discutimos identidade.

É na perspectiva da reflexão sobre as memórias do CP, calcadas em e emergentes de suas experiências pessoais e profissionais, que temos pensado nas possibilidades de seu trabalho, nos rumos que esse trabalho pode tomar, nos processos formativos de que temos participado. Essas reflexões têm sido desencadeadas pela utilização de materialidades artísticas, tais como a música, o filme, a literatura ou as artes visuais, sempre tendo como aporte conceitos e teorias que possam iluminar o pensar do CP.

A arte tem o poder de suscitar sentimentos, percepções, pensamentos, ampliando as possibilidades de compreensão da realidade e de articulação dessa realidade com os conceitos e fundamentos teóricos. Nesse movimento, se entrelaçam o individual/singular do CP, sua natureza social e as relações sociais que compõem a realidade concreta da escola. Ao mesmo tempo, tendo a arte como mediadora da expressão do que sentem os professores, de como percebem e pensam sobre suas práticas, é possível ir além das queixas que emergem, muitas vezes, nos espaços de formação, e questionar as possibilidades de se ultrapassar a repetição, modificar a rotina, criar outras formas de ensinar e de desenvolver as demais atividades escolares. E a arte favorece a dimensão da criação nos sujeitos, por constituir-se como linguagem aberta, de caráter simbólico, de um lado, e justamente por essa razão, promover a imaginação enquanto função psicológica superior, que tem como característica ultrapassar os limites da realidade e visualizar novas e diversas possibilidades/horizontes.

Nesse sentido, o formador também pode se engajar na criação de processos formativos que provocam e mobilizam os profissionais envolvidos e, ao mesmo tempo, alcançar uma nova compreensão da dimensão subjetiva que perpassa a realidade escolar, nela podendo intervir e favorecer transformações, nos profissionais que forma, na prática desses profissionais, em si mesmo e em sua prática como formador.

Entendemos a dimensão subjetiva da realidade, considerando as proposições de Gonçalves e Furtado (2016) e de Mennocchi (2019), como a significação que envolve compreender a individualidade de um sujeito como expressão única e singular da universalidade daquela realidade em que ele vive e atua, isto é, compreender suas ações a partir da reafirmação da natureza social dos indivíduos, assim como compreender aquela realidade como uma possível expressão da individualidade daquele indivíduo que a habita, expressão de seu compromisso, de suas compreensões, de sua ética e estética.

Nesse espaço — dialeticamente concreto e subjetivo — a arte possibilita novas compreensões, criações, criticidade e percepção de si e do outro. Assim, em uma analogia em relação à realidade escolar, podemos escolher diferentes materialidades artísticas (pinturas, esculturas, filmes, poesias, fotografias) que se relacionam com o tema que se pretende discutir e suscitam interpretações diversas, pedindo aos professores, numa provocação, que associem o que veem, sentem, percebem, nas obras, com a realidade escolar. É possível que surjam associações como: escola como um barco de desesperados, como uma banda sem maestro ou partitura — ou, ao contrário, com excelente regência —, uma caminhada em direção ao infinito, um jardim das delícias, sem defeitos ou obstáculos, um lugar em que se fecham os olhos à realidade e aos erros e omissões, um lugar de julgamentos e avaliações uns dos outros, um lugar de busca de liberdade, em que se caminha, mas cada um no seu ritmo e em uma direção.

O conjunto de obras de arte associadas a essas interpretações permite ao CP acesso a seus sentimentos e compreensões quanto à realidade de sua escola, resultando em um posicionamento crítico/reflexivo e, ao mesmo tempo, lhe permitindo, na troca com outros CP ou nos processos formativos com professores, conhecer a multiplicidade de realidades escolares e as diferentes possibilidades de ações, de relações e de diferentes intervenções, o que o torna mais flexível e aberto a mudanças em sua maneira de interagir com seus pares e em sua realidade escolar.

Nessa e em outras intervenções por nós realizadas, os resultados são muito semelhantes: uma reação de negação — não saber o que dizer ou não se sentir seguro para intervir; uma reação de busca, com tentativas de interpretação; uma sensação de liberdade e confiança, para expressar uma leitura, intelectualizada, inicialmente, afetiva, posteriormente; uma busca pelas interpretações dos outros, pelos outros olhares ou outras leituras. Enfim, experiências que têm em seu centro a contradição e que fazem emergir os opostos característicos das formas sociais de ser que nos fazem humanos.

E nesse movimento, a volta para a própria realidade se faz menos obscurecida, menos limitada, mais flexível e confiante, mais confiável e crítica, mais delicada e cúmplice, mais humana, enfim, em consequência da potência da arte para pôr em relevo o que nos caracteriza como espécie — universal, e singulares — em nosso grupo/contexto, movimento este que viabiliza a atribuição de novos sentidos ao vivido e pensado. É este o processo que denominamos de reflexivo e que qualquer formador deve buscar, caso pretenda transformar as práticas educativas de que participa.

Em outras oportunidades, temos lançado mão de obras de ficção científica, em forma de filmes, contos, dentre outros, com provocações semelhantes: fazer analogias de situações passadas, futurísticas ou imaginativas com a realidade atual do trabalho e da escola, e as respostas dos participantes são similares, isto é, apresentam dificuldades iniciais de sair do cotidiano e do conhecido; passando a arriscar-se a pensar de modos diferentes dos habituais e a apresentar novas compreensões da realidade, capacidade de propor novas leituras dessa realidade, novas soluções alternativas; novas possibilidades de parcerias e colaborações. Esse processo revela tomadas de consciência, novos desenvolvimentos e aprendizagens, novos compromissos.

Ou ainda, ao buscar apresentar de modo claro o processo de constituição de identidade do CP, as autoras buscam na literatura personagens que, ao vivenciarem papeis com cunho reflexivo, pelo questionamento e vivência de dadas situações, favorecem a problematização do modo como a identidade do personagem se desenvolve na ficção, constituindo-se em rico material de trabalho com CP em momentos de formação. Assim foi com Um, Nenhum, Cem Mil, texto a partir de obra homônima de Pirandello, em que, a partir da problematização de uma característica da aparência do personagem, foi possível problematizar os diferentes papeis que o CP pode assumir em seu fazer e pensar e a influência que esse processo tem em sua identidade profissional. (SOUZA e PLACCO, 2017).

Recorremos ainda à situação ficcional da série de televisão inglesa Downton Abbey, apresentada em texto de 2016 (PLACCO e SOUZA, 2016), no qual foi possível estabelecer relações entre a constituição identitária do CP e o contexto, mostrando sua influência mútua, além de possibilitar a compreensão de complexos conceitos da teoria da identidade no trabalho (DUBAR, 2005) e sua relação com a formação de professores. As situações desse seriado se constituíram, em atividades pedagógicas de aulas, por nós desenvolvidas, estratégias formativas potentes para a compreensão da constituição identitária, pelos CP e para a compreensão do significado e força do contexto para promoção de mudança identitárias, ao mostrar em que medida a tradição e as regras sociais estabelecidas "moldam" comportamentos e identificações nos sujeitos e em que medida rupturas nesse contexto (no caso de Downton Abbey, a 1ª Guerra Mundial) provocam crises identitárias e necessárias mudanças de comportamentos e valores individuais e coletivos.

A partir dos exemplos envolvendo o uso de materialidades artísticas e ficcionais na formação, fica claro que, para que o processo reflexivo se efetive, é necessário o envolvimento do coletivo; é preciso que os outros participantes se envolvam, se disponibilizem a se engajar na apreciação da obra apresentada, deixando-se levar pelas sensações, percepções, emoções e pensamentos que ela suscita. E, então, nesse processo, se instala o colaborativo, no movimento mesmo de cada um falar de si, por meio da obra, movimento que resulta em uma síntese do vivido, pensado e sentido pelo grupo. A reflexão que emana do coletivo/colaborativo é de grande riqueza, pois trata-se de processo de ressignificação do singular no coletivo.

É nessas condições que o CP passa a compreender a importância do trabalho em parceria, do trabalho colaborativo, solidário, em que experiências de aprendizagem e memórias são compartilhadas, habilidades interpessoais e sociais são aprendidas, com repercussões significativas na sua formação e desenvolvimento profissional, gerando mudanças em sua consciência, atitudes, habilidades e valores. Ele muda, assim, sua concepção de formação:

— de recurso a temas apresentados e/ou discutidos, sequência de atividades planejadas antecipadamente, à revelia dos participantes e que devem ser expostas a cada encontro;

Para:

— processo construído e vivido junto, colaborativamente, em um movimento de significação e ressignificação que incorpora o singular, a subjetividade, como conteúdos do grupo, da formação.

Uma formação que visa e se volta ao futuro, às possibilidades do que pode ser e vir a ser, que abandona os roteiros prontos, a reprodução e investe na construção de desenhos coletivos e na criação. E assumir estratégias que lançam mão de linguagens sensíveis e humanizadoras, justamente por afetar o outro e suscitar emoções com vistas à ampliação da consciência, é construir portos prenhes de novos roteiros, com horizontes abertos, mas com caminhos bem desenhados e orientados.

Algumas considerações finais

Neste texto, buscamos oferecer ao CP ideias e reflexões sobre como desenvolver um trabalho formativo de caráter colaborativo e que tem como intencionalidade a integralidade da pessoa, do sujeito singular que participa da formação. Intentamos explicitar o movimento singular-coletivo-colaborativo como norteador das relações que dão condições ao desenvolvimento de uma formação que favorece tomadas de consciência e compromissos.

Colocamos em relevo o potencial da arte como estratégia que favorece a expressão singular do sujeito, o olhar para si por meio do olhar do outro, e a diversidade de olhares como constituintes do coletivo, que gera o colaborativo pela possibilidade de ser singular no grupo. Nesse sentido, a obra de arte — em forma de pintura, música, filme, conto, poesia e as ficções em forma de romances e contos podem ser pensadas como um espelho, no qual olho e me vejo, sempre de acordo com o olhar do outro — que me atribui características, que vai me dizendo quem sou no meu processo de me constituir como identidade profissional.

E nossa defesa é que essas vivências, suscitadas no processo de apreciar materialidades artísticas, de fazer relações com a realidade, de pensar de modos diferentes a partir da expressão dos pensamentos das pessoas do grupo, podem se constituir em novas possibilidades de formação, não como atividades a serem adotadas, mas como vivências às quais se empreendem o CP — formador e os professores, participantes e atores/autores da formação, de modo a efetivar uma formação reflexiva transformadora. Ao incorporar a subjetividade de cada participante, a formação e seus atores se constituem mutuamente, em um processo identitário em que o fazer de cada um repercute o coletivo, a intencionalidade e os sentidos do grupo.

Referências

AGUIAR, W. M. J.; BOCK, A. M. B. *A dimensão subjetiva do processo educacional: uma leitura sócio-histórica*. São Paulo: Cortez, 2016.

BAKHTIN, M. (2003). *Estética da criação verbal*. São Paulo: Martins Fontes.

BENJAMIN, W. (1995). *Rua de mão única*: Vol. 2. Obras Escolhidas. São Paulo: Brasiliense.

BOCK, A. M. B.; GONÇALVES, M. G. M. (2009) *A dimensão subjetiva da realidade: uma leitura sócio-histórica*. São Paulo: Cortez, 2009.

BONDÍA, Jorge Larrosa. Notas sobre a experiência e o saber de experiência. *Rev. Bras. Educ.*, abr. 2002, n. 19, pp. 20-28.

DUBAR, C. *A socialização: construção das identidades sociais e profissionais*. Trad. Andréa S. M. da Silva. São Paulo: Martins Fontes, 2005.

GALEANO, E. *As palavras andantes*. Porto Alegre: L&PM Editores, 1994, 2ª ed.

GONÇALVES, M. G. M.; FURTADO, O. A. Perspectiva sócio-histórica: uma possibilidade crítica para a Psicologia e para a Educação. In: AGUIAR, W. M. J.; BOCK, A. M. B. *A dimensão subjetiva do processo educacional: uma leitura sócio-histórica*. São Paulo: Cortez, 2016, pp. 27-42.

MENNOCCHI, L. M. (2019) *A dimensão subjetiva da atividade de mediação de conflitos nas escolas: um estudo das significações constituídas por professoras mediadoras*. São Paulo: PUC-SP, PEPG em Educação: Psicologia da Educação, Tese de Doutorado, 2019.

PLACCO, V. M. N. S.; SOUZA, V. L. T. (2016) A constituição identitária de professores em contexto. In: ALMEIDA, L. R.; PLACCO, V. M. N. S. (orgs.) *O coordenador pedagógico e o trabalho colaborativo na escola*. São Paulo: Loyola, 2016, pp. 41-53.

PLACCO, V. M. N. S.; SOUZA, V. L. T. (2018) O que é formação? Convite ao debate e à proposição de uma definição. In: ALMEIDA, L. R.; PLACCO, V. M. N. S. (orgs.) *O coordenador pedagógico e seus percursos formativos*. São Paulo: Loyola, 2018, pp. 9-16.

PLACCO, V. M. N. S.; SOUZA, V. L. T. (2019) Problematizando as dimensões constitutivas da identidade do CP: Articular/Formar/Transformar como Unidade de Ação. In: PLACCO, V. M. N. S.; ALMEIDA, L. R. (orgs.). *O coordenador pedagógico e questões emergentes na escola*. São Paulo: Loyola, 2019, pp. 27-36.

SOUZA, V. L. T.; PLACCO, V. M. N. S. (2017) Um, nenhum, cem mil: a identidade do coordenador e as relações de poder na escola. In: PLACCO, V. M. N. S.; ALMEIDA, L. R. (orgs.). *O coordenador pedagógico e a legitimidade de sua atuação*. 1 ed. São Paulo: Loyola, 2017, v. 1, pp. 11-28.

SOUZA, V. L. T; PETRONI, A. P.; ANDRADA, P. C. (orgs.). *A Psicologia da Arte e a promoção do desenvolvimento e da aprendizagem: intervenções em contextos educativos diversos*. 1 ed. São Paulo: Loyola, 2017.

SOUZA, V. L. T.; DUGNANI, L. A. C.; REIS, E. C. G. Psicologia da Arte: fundamentos e práticas para uma ação transformadora. *Estud. psicol.* (Campinas) [online]. 2018, vol. 35, n. 4, pp. 375-388.

O coordenador pedagógico: contradições legais e possibilidades

Lívia Gonçalves de Oliveira[1]
(liviagoliveira03@gmail.com)
Otília Maria Alves da Nóbrega Alberto Dantas[2]
(otiliadantas@unb.br)

Introdução

Este capítulo é oriundo de estudos de mestrado (OLIVEIRA, 2019). Nele se objetivou delinear a identidade do coordenador pedagógico — CP da rede pública de ensino do Distrito Federal. Para tanto, nos detivemos nas bases legais, contextualizando o surgimento e a efetivação do CP no âmbito nacional e distrital. Pretendíamos, com esta ação, analisar as marcas históricas contempladas das relações estabelecidas entre este profissional e seus pares.

Considerando que o coordenador pedagógico está presente no movimento de transformação do ambiente escolar, constitui-se articulador e/ou mediador de saberes, assumindo o seu papel social na mediação entre o homem e a sociedade. Assim, indagamos: quais as condições para este profissional realizar essa mediação e estabelecer relação com os seus pares? Quem é este sujeito e como seu percurso histórico se reflete em sua prática? Como as marcas da historicidade constituem a identidade do CP para si e para os

---
1. Pesquisadora e Mestre em Educação pela Universidade de Brasília — UNB, professora e coordenadora da educação básica na Secretaria de Estado e Educação do Distrito Federal.
2. Professora Associada da Universidade de Brasília (UnB). PHD em Educação pelo PPGE/FE da Universidade de Brasília.

outros? Os estudos de Almeida e Placco (2009), Vasconcellos (2002) e Libâneo (2017) nos ajudaram a refletir sobre o coordenador pedagógico. Destacamos, no *Quadro 1*, alguns dos conceitos que tais autores têm sobre o papel do CP:

Quadro 1. Conceitos e sentidos sobre o coordenador pedagógico	
Conceito	Sentido de...
[...] um mediador, no sentido de revelar/desvelar os significados das propostas curriculares, para que os professores elaborem seus próprios sentidos, deixando de conjugar o verbo cumprir obrigações curriculares e passando a conjugar os verbos aceitar trabalhar, operacionalizar determinadas propostas, porque estas estão de acordo com suas crenças e compromissos sobre a escola e o aluno — e rejeitar as que lhes parecem inadequadas [...]. (ALMEIDA e PLACCO, 2009, p. 38)	Mediação e identidade
O mediador da construção e o estabelecimento de relações entre todos os grupos que desempenham o fazer pedagógico, refletindo e construindo ações coletivas. (VASCONCELLOS, 2002, p. 84)	Mediação coletiva
[...] sujeito responsável pela viabilização, integração e articulação do trabalho pedagógico-didático em ligação direta com os professores, em função da qualidade do ensino. (LIBÂNEO, 2017, p. 180)	Articulação/negociação

Fonte: Das autoras.

Os autores mencionados no *Quadro 1* consideram o coordenador pedagógico como um mediador individual ou coletivo, como um articulador/negociador do trabalho pedagógico, mas, principalmente um sujeito convicto de sua contribuição pedagógica com uma identidade "pensada" e clarificada. Os mesmos autores pontuam, também, em seus textos, o caráter pedagógico tão almejado para a figura do CP. Neste capítulo, destacamos a necessidade de pontuar o viés de articulador das relações estabelecidas no ambiente escolar. Para tanto, nos ativemos às marcas históricas do CP, a fim de refletir sobre sua atual situação legal e prática na escola pública do Distrito Federal.

O coordenador pedagógico que trabalha nas escolas públicas do DF deve atuar embasado no Regimento Interno do Distrito Federal (2015, p. 33), devendo desenvolver "[...] seu trabalho como coletivo, sua atividade objetiva a construção da autonomia e cooperação pedagógica dos profissionais com os quais desenvolve suas funções". Entende-se que se trata de um conceito que visa estabelecer mediações coletivas e articulações entre os sujeitos envolvidos. No entanto, há de se indagar se essa articulação é de cooperação ou de corresponsabilização, podendo abranger tanto aspectos positivos quanto negativos.

Com base nessas considerações, organizamos este capítulo da seguinte maneira: primeiramente abordamos o percurso histórico do coordenador pedagógico, para situar o surgimento legal deste profissional. Em seguida, nos remetemos aos discursos dos CP e à análise dos dados, para delinear as marcas históricas constitutivas das relações entre os professores, os gestores e os próprios coordenadores pedagógicos. Por fim, nos deteremos nas considerações finais.

1. O contexto histórico nacional e distrital do CP e seu reflexo no ambiente escolar

Considerando o tamanho e a complexidade do sistema da "educação básica brasileira, sobretudo a pública, com seus quase 2 milhões de professores, cerca de 54 milhões de alunos e aproximadamente 200 mil escolas" (BRASIL, 2010, p. 41), entende-se que os desafios para promover a melhoria na qualidade do ensino nesse segmento são gigantescos, sendo necessário voltar a atenção, na escola, para o profissional coordenador pedagógico, que tem sido pouco considerado. Trata-se de uma demanda atual e necessária, no intuito de analisar epistemologicamente o CP e compreender melhor sua organicidade pedagógica.

A partir dos estudos acerca da complexidade da escola e de como o conhecimento é produzido, foram surgindo figuras nos processos de organização educacional que se propunham a articular o trabalho demandado pela realidade inerente ao contexto escolar e pela necessidade de organização da sociedade. Com base nesse cenário, mesmo que profissionalmente distante do caráter emancipatório, foram surgindo e participando outros profissionais que não tinham papel definido, mas se constituíam elos entre as partes envolvidas na aprendizagem. Assim nasceu o coordenador pedagógico, da necessidade pedagógica de articulação e mediação dos processos educativos.

Mas, como ocorreu o percurso histórico em que esse profissional foi tecido? Imergimos no ano de 1549, quando chega ao Brasil o *Ratio Studiorum*[3], pelas mãos dos jesuítas, um movimento de organização da educação. Este movimento demarcou as normas para regulamentação do ensino nas escolas jesuítas, propondo uma pedagogia e considerando a personificação de um indivíduo fiscalizador que deveria articular o processo educativo e que para tal recebia a denominação de Prefeito dos estudos (SAVIANI, 1999).

Por volta de 1849, eclode, quase casualmente, a figura do Inspetor escolar, o qual existia no ambiente escolar sem qualquer amparo legal. Seu reconhecimento na legislação, segundo Saviani (1999, p. 25), ocorreu na década de 1920, quando o presidente Washington Luís assinou o Decreto n. 16.782, dando validade à categoria dos técnicos de ensino e abrindo caminho para a criação do Ministério da Educação e Saúde Pública.

Outro fato marcante foi o Manifesto dos Pioneiros, que consolidou, no ambiente escolar, a figura do Supervisor Pedagógico (LIBÂNEO, 2010). Entre 1930 e 1931, este profissional passa a ter reconhecimento oficial. O manifesto defendia a valorização dos serviços relacionados à educação e destinados ao conhecimento científico e à luta pela escola pública, gratuita, obrigatória, laica e única. Assim, para acompanhar as tendências internacionais, em 1940, o Brasil adota medidas provenientes dos Estados Unidos atribuídas ao supervisor educacional, o principal responsável pelo acompanhamento pedagógico dos professores.

Com a promulgação da Lei de Diretrizes e Bases da Educação, Lei n 4.024/61 (BRASIL, 1961), são mencionadas as figuras do

---

3. Conjunto de normas criado para regulamentar o ensino nos colégios jesuítas.

supervisor, do orientador e do inspetor de ensino. Delimita-se nesse documento a dinâmica escolar e os vários fatores que envolvem a atividade do ensinar no ambiente escolar.

Diante de toda a mobilização efetivada no âmbito da educação, o governo brasileiro acabou influenciando, de algum modo, a formação do técnico em educação, iniciando a criação e definição do curso de Pedagogia no Brasil, visando formar um quadro de profissionais qualificados para atender às demandas próprias da educação. Segundo o Parecer n. 252 de 1969, aprovado pelo Conselho Federal de Educação (MEC, s/d), ao curso de Pedagogia caberia:

> Art. 1º — A formação de professores para o ensino normal e de especialistas para as atividades de orientação, administração, supervisão e inspeção, no âmbito das escolas e sistemas escolares, será feita no curso de graduação em Pedagogia, do que resultará o grau de licenciado com modalidade diversa de habilitação. (BRASIL/CFE, 1969)

Com a promulgação da Lei n. 5.692/1971, em seu Art. 33, ocorre a consolidação dos cargos de especialistas em educação com formação em nível superior, um reflexo da Reforma Universitária[4] ocorrida anos antes. De acordo com este artigo, "A formação de administradores, planejadores, orientadores, inspetores, supervisores e demais especialistas de educação será feita em curso superior de graduação, com duração plena ou curta, ou de pós-graduação" (BRASIL, 1971). Assim, no Brasil, em plena Ditadura militar, é fortalecida a especialidade do Supervisor Educacional, ganhando *status* legal. Assim sendo, a Lei n. 5.692/71, oriunda de um contexto da Ditadura, definiu a figura do supervisor educacional como um profissional que assume, no cotidiano da escola, um caráter mais fiscalizador do que pedagógico (VASCONCELLOS, 2002). Para Saviani (1999), grande parte dos problemas enfrentados hoje no exercício da função do coordenador pedagógico deve-se ao fato de sua concepção estar vinculada a uma ideia de controle.

---

4. A Reforma Universitária de 1968 teve como uma das medidas a reformulação do curso de Pedagogia, que criou as especialidades na área pedagógica: Orientação Educacional, Administração, Supervisão, Inspeção Escolar e Ensino.

O Inspetor Escolar exercia, tradicionalmente, função fiscalizadora, que foi gradativamente extinta nos estados. A história nos mostra que o coordenador pedagógico nasce da necessidade de organização do trabalho pedagógico. Porém, a indefinição que se apresenta sobre as atribuições desse sujeito é oriunda das incertezas, exclusões e constantes mudanças que permearam o campo educacional, e, em especial, o espaço escolar.

Descrito o percurso histórico da função do CP em âmbito nacional, partimos para o lócus da Secretaria de Estado de Educação do Distrito Federal (SEEDF), quando, em meados de 1969, surge a figura desse profissional. Para tanto, floresce um documento intitulado "O ensino primário no Distrito Federal", cujo texto (DISTRITO FEDERAL, 1969) relaciona normas preliminares para a organização do ensino primário no DF. O documento descrevia a organização do sistema de ensino. Nessa época, foi criada a Coordenação de Educação Primária (CEP), que tinha como fim a preparação e o controle das atividades pedagógicas propostas.

A demanda fez instituir, no Regimento Interno do Distrito Federal, a função do coordenador pedagógico (DISTRITO FEDERAL, 1969, p. 17), descrevendo seu papel:

> [...] a) Treinamento de professores para a 1ª fase, em cursos especiais e em serviço; b) Treinamento de orientadores e diretores para acompanhamento do trabalho e orientação aos professores. Essa orientação é feita semanalmente em 4 (quatro) horas do chamado horário complementar; c) Organização de uma equipe central para a supervisão dos trabalhos de 1ª fase, com professores de reconhecida experiência no trabalho de alfabetização; d) Estabelecimento experimental de equipes de professores especializados em alfabetização em duas escolas em Taguatinga, para aulas de demonstração e descentralização do trabalho de supervisão da 1ª fase.

Entretanto, esse documento se constitui de um processo mecânico da organização do trabalho docente. Outro ponto a ser observado é o item **c**, com a expressão "[...] supervisão dos trabalhos", que demonstra o caráter impositivo e fiscalizador que deve possuir o orientador de ensino.

Visando proporcionar um ambiente de reflexão e estudo para os docentes no espaço escolar, em 1979, no Distrito Federal, iniciam-se estudos com vista à organização do trabalho docente em 32 horas de aula e 8 horas destinadas a estudos e formação coletiva. Nesse modelo, o trabalho do professor-coordenador constituía-se diferenciado. Inicialmente, ele não era contemplado com horas destinadas ao estudo e aperfeiçoamento, pois tinha como função organizar o turno, substituir professores, fiscalizá-los e elaborar atividades para os docentes, sendo considerados como meros executores do trabalho pedagógico.

Transcorrendo por embates e discussões, considerando a LDB 9394/96 quanto à necessidade de se refletir a prática e a consolidação de espaço/tempo destinado aos estudos, a SEEDF institui a proposta da "Escola Candanga". Este formato destinava aos professores um turno de regência e o outro para estudos e planejamento, sendo, posteriormente, expandida para toda a rede, por meio da Portaria n. 528/99. Contudo, a mesma Portaria retrocede à preocupação quanto ao âmbito pedagógico, ao descrever em sua alínea **j** que, "em nível local o coordenador pedagógico deverá: [...] j) suprir ausências eventuais de professores, coordenando a realização de atividades diversificadas independentemente de sua área específica de magistério" (DISTRITO FEDERAL, 1999, p. 8). E isto acabou acarretando ao coordenador pedagógico afazeres administrativos, distanciando-o do âmbito pedagógico.

Almejando o *status* de uma educação sólida e "emancipatória", o governo do Distrito Federal homologa a Portaria 29, no ano de 2006 (DISTRITO FEDERAL, 2006). Esta Portaria regula a prática do coordenador pedagógico no âmbito escolar e dispõe sobre a modulação para o quantitativo de coordenadores por unidades escolares, bem como as normas para a coordenação pedagógica. Antes da homologação dessa Portaria, não havia coordenadores em todas as escolas do DF, enquanto em algumas havia mais de um, mesmo possuindo o mesmo quantitativo de alunos. Essa Portaria passou a garantir a presença do coordenador pedagógico em todas as escolas, bem como regulamentou o seu papel no que se refere à orientação, ao acompanhamento e ao apoio pedagógico aos docentes nas atividades de planejamento e avaliação.

Em 2009, o coordenador pedagógico ganha destaque em duas legislações: a Portaria 74/2009 e o Regimento Interno da SEEDF. A Portaria n. 74/2009 (DISTRITO FEDERAL, 2009), que regulamenta a coordenação pedagógica no interior das escolas públicas do Distrito Federal, delega aos coordenadores pedagógicos a função de mediadores do processo pedagógico no espaço escolar, bem como orienta como desenvolver a articulação de saberes na coordenação pedagógica, legitimando, assim, a figura desse profissional perante as legislações do estado. Posteriormente, foi homologado o Regimento Interno da SEEDF, contemplando as legislações anteriormente sancionadas.

Segundo pesquisas realizadas por Placco, Almeida e Souza (2011) sobre o coordenador pedagógico no Brasil, encontramos destaque de que todos os estados brasileiros demarcam a importância do coordenador pedagógico em suas legislações e instituições de ensino. Vale salientar o Regimento Escolar da Rede Pública de Ensino do Distrito Federal, que menciona um dos pressupostos inerentes à figura do coordenador pedagógico, constituindo-se:

> [...] em um espaço-tempo de reflexões sobre os processos pedagógicos de ensino e de aprendizagem e formação continuada, tendo por finalidade planejar, orientar e acompanhar as atividades didático-pedagógicas, a fim de dar suporte ao Projeto Político Pedagógico — PPP [...]. Cabe ao coordenador pedagógico articular ações que garantam a realização da Coordenação Pedagógica. (DISTRITO FEDERAL, 2015, p. 30)

Ainda referentes ao Regimento Escolar da SEEDF, encontramos outros incisos que atribuem ao coordenador pedagógico o papel de articulador, formador, orientador, estimulador, além de outras funções pertinentes ao cargo, sempre levando em conta seu papel de fiscalizador. No entanto, visando redefinir seu verdadeiro papel educativo, queremos agora mostrá-lo como mediador e articulador do trabalho docente.

No Distrito Federal, a Lei n. 5.105/2006 (DISTRITO FEDERAL, 2006) validou o direito à Gratificação de Atividade Pedagógica (GAPED) aos coordenadores pedagógicos, que foi posteriormente incorporada ao vencimento de todos da carreira magistério que exercem função pedagógica no âmbito escolar e administrativo, nas regionais de ensino. Anteriormente, havia um entendimento de que somente os professores em regência deveriam fazer jus ao recebimento, fato que, em nosso entendimento, tende a fragilizar a função da coordenação pedagógica. Em 2016, o governo do DF publicou uma Portaria, no início do ano letivo, atribuindo a substituição de professores como uma das atribuições dos coordenadores pedagógicos, retroagindo, assim, a uma conquista da categoria em 2006, que retirava essa atribuição dos CP. Atualmente, a substituição das regências, nos casos de atestados, licenças médicas e faltas variadas continuam sendo responsabilidade dos coordenadores pedagógicos.

O surgimento do coordenador pedagógico nas legislações brasileiras, especialmente no Distrito Federal, nos mostra um caminho sinuoso, paradoxal e repleto de interferências políticas, perfeitamente compreensível considerando-se que o espaço educacional é um ato político e intencional, como bem menciona Libâneo (2010). Todavia, vale salientar que ainda existem tensões e embates no movimento de construção da identidade do coordenador pedagógico, bem como nas relações estabelecidas no ambiente escolar, em contínua transformação ao longo de sua prática educativa. Considera-se que muitas indagações ainda se encontram sem respostas, no que tange às legislações, e se intensificam na prática do coordenador pedagógico. As particularidades desse profissional tornaram-se dependentes das legislações estaduais, outro aspecto que fragiliza a profissão do CP, pois cada estado pode agregar atribuições distintas a esse profissional.

Compreender o surgimento e delinear a identidade do coordenador pedagógico perpassa, obrigatoriamente, por sua historicidade.

> Mas a nossa (de Marx) concepção da história é, sobretudo, um guia para o estudo [...] É necessário voltar a estudar toda a história, examinar-se em todos os detalhes as condições de existência das diversas formações sociais antes de procurar deduzir delas as ideias políticas, jurídicas, estéticas, filosóficas, religiosas etc., que lhes correspondem. (MARX; ENGELS, 1999, p. 107)

O percurso histórico delineado neste estudo se reflete na prática do coordenador pedagógico, mas, principalmente, nas relações que estabelece com seus pares, já que, mesmo que de forma não consciente, o CP reflete seu percurso histórico por meio de suas ações e conduta.

2. A história e a contradição no trabalho do coordenador pedagógico

Aqui, registramos a historicidade e as contradições presentes no trabalho do coordenador pedagógico. A preferência por traçar o percurso histórico do coordenador pedagógico nos permitiu identificar aspectos relevantes da constituição de sua identidade profissional. Ao percorrer seu percurso histórico, podemos compreender a sua fragilidade social.

No intuito de atender às demandas nacionais e posteriormente à LDB 9394/96, o Distrito Federal legitima a figura do CP em seu contexto. Porém, esse profissional foi se forjando na prática e demonstrando que existia uma lacuna na dinâmica escolar, e que este espaço não era contemplado por outros profissionais já existentes, pois seria necessário ocupá-lo com um profissional que mediasse a organização do trabalho pedagógico da escola. Assim, esse papel pôde ser preenchido pelo coordenador pedagógico.

Com este processo, podemos identificar a frágil identidade profissional do coordenador pedagógico, visto que sua criação vem com o intuito de cobrir algumas lacunas existentes na organização do trabalho pedagógico, acabando por suprir demandas burocráticas e administrativas da dinâmica escolar que surgiam no cotidiano. O espaço determinado aos CP não foi adequado para o desenvolvimento potencial de seu trabalho, já que toda a tarefa de substituição de profissionais na escola cabe a esse sujeito. Ele substitui desde o professor ao profissional da reprografia ou da secretaria.

Observamos como o coordenador pedagógico é selecionado no contexto da escola pública do Distrito Federal, lócus de nossa pesquisa. Entretanto, essa escolha vem sendo regulamentada anualmente, e a última foi a Portaria n. 395/2018 (DISTRITO FEDERAL,

2018), que normatiza a escolha do coordenador pedagógico e a distribuição das turmas para cada professor. Essa normativa ainda se encontra em vigência, embora seja datada para a vigência de 2019. Como mencionado, a referida Lei dispõe sobre a atuação dos servidores integrantes da Carreira Magistério Público do Distrito Federal nas atividades de docência e na orientação educacional, sobre a organização e atuação dos servidores integrantes da Carreira do Magistério Público, descrevendo o quantitativo e o processo de escolha dos CP nas unidades educacionais. Esta Portaria menciona que, a cada quinze turmas da escola, ali deve existir um coordenador pedagógico, podendo ter mais um profissional, caso a unidade escolar possua classes exclusivas de educação especial.

O processo de seleção dos CP é organizado no início do ano letivo. Os professores interessados em atuar na função se candidatam para o grupo, assim seus pares realizam uma votação, a fim de escolher, dentre os sujeitos, o que melhor julgam preparado para a função de CP. Essa eleição segue algumas exigências descritas na Portaria n. 395/2018 em seu artigo 45 (DISTRITO FEDERAL, 2018), a qual menciona que o candidato deve ser: integrante da Carreira Magistério, escolhido pelos servidores da mesma carreira e ter no mínimo três anos de regência de classe, na rede pública do Distrito Federal.

Como descrito na referida lei, o processo não parece justo e igualitário, constituindo se descontínuo e fragmentado, visto que suas atribuições e permanência no cargo são de um curto período, apenas um ano. Fator que desencadeia um sentimento de não pertencimento e desapropriação da função, pois o coordenador pode não permanecer como tal no ano subsequente. Assim, não há uma cultura de comprometimento, de continuidade e de engajamento no desenvolvimento das atividades pedagógicas propostas, visto que o tempo garantido na função é curto.

Ao refletir acerca da temática da identidade do coordenador, temos um ponto comum em quase todos os estudos: diante da volatilidade e descontinuidade no cargo do CP, inferimos que, mesmo almejando dar continuidade a determinado projeto ou ação, o profissional que substituir o coordenador pedagógico no ano subsequente trará para o trabalho na escola sua visão e percepção próprias.

Assim, destacamos a rotatividade e a inconsistência na permanência de um docente na função de coordenador pedagógico, conforme relatam os coordenadores pesquisados. Das cinco coordenadoras entrevistadas, apenas uma esteve na função durante dois anos subsequentes; as demais não permaneceram, e elas descreveram que dentre os motivadores que as levaram à descontinuidade do trabalho se apresenta a sobrecarga de atribuições como um dos determinantes a não prosseguir. Segundo as coordenadoras:

> *É um processo amador, mesmo tendo a Portaria que determina as regras e requisitos [...] não funciona como eles planejaram. Na hora ficam quase implorando para os colegas aceitarem.* (ANA)
> *Na verdade, nós somos quase amarrados para aceitar, tem alguém aqui que foi diferente?* (LUÍSA)
> *Bom, meu caso foi um pouco diferente. Eu era da Regional de Taguatinga, mas quando cheguei na escola, não tinha vaga pra mim, então, fiquei sem lugar. Minha antiga diretora me ligou pedindo para eu vir como coordenadora porque as minhas colegas não queriam. Eu vim, depois da escolha de turma, e o grupo só validou a minha permanência.* (PATRÍCIA)

No discurso das coordenadoras pedagógicas, podemos observar as contradições existentes no que foi planejado e a sua materialização no chão da escola, no que se refere ao processo "democrático" da escolha por seus pares. Ao conhecer a Portaria, podemos vislumbrar o ato de escolha como sendo algo democrático e vestido de poder para os docentes e coordenadores pedagógicos. Contudo, ao se vivenciar a rotina de trabalho, suas demandas, atribuições e incertezas, constatamos a fragilidade da função. Verificamos que os sujeitos, ao se disporem para tal empreitada, o fazem por amizade ao grupo de colegas e não por vislumbrarem uma forma de se objetivar e contribuir com essa atividade significativa e importante para a escola.

A contradição fica evidenciada no discurso de Ana, ao mencionar que "não funciona como eles planejaram". Essa afirmação demonstra o caráter precário do trabalho de quem assume a coordenação pedagógica na SEEDF. Para ratificar as contradições, a justificativa anunciada para esse formato de processo de seleção se reveste inadequadamente do termo democracia, pois difunde um discurso de liberdade para opinarmos acerca da organização da escola; contudo, no discurso da Luísa, contrariamente, ela afirma que "somos quase amarrados para aceitar".

Escolher o coordenador, nos discursos dos sujeitos, reflete a ideia de obrigatoriedade, mesmo que não esteja expressa na Portaria. Tal justificativa se dá pelo fato de que, se não houver um professor na unidade escolar que se disponibilize a exercer a função de CP, a escola poderá ficar sem o profissional ou receber um de fora da unidade, sem o grupo ter conhecimento de sua conduta, postura e trabalho. O receio da ausência de um profissional para articular o trabalho pedagógico ou da inserção de um desconhecido faz com que os colegas insistam para que alguém do grupo aceite a função.

A marca da polissemia, dispositivo que integra a Análise do Discurso Crítica, utilizada na pesquisa, nos remete ao real. Assim, os discursos trazem este real em contradição ao ideal (*Figura 1*), posto nas legislações e estudos que embasam a prática do coordenador pedagógico. A CP Patrícia nos traz, em seu discurso, que sua opção pela função veio da ausência de vaga na escola e, por isso, aceitou o convite da equipe gestora de sua antiga escola, posteriormente validado pelo grupo de professores. Os sinais positivos e negativos, marcados nos discursos, são uma forma de evidenciar avanços e/ou fragilidades vivenciados no processo de seleção do coordenador.

Observamos, no quadro, que a maioria dos sujeitos fazem uma leitura negativa do processo que não se materializa democrático. Outro aspecto é que se sentem coagidos a exercer a função, em prol do bem-estar do grupo. Nos estudos sobre os discursos do CP, encontramos os recursos paráfrases e polissemia, marcados por aspectos negativos desse formato de seleção, denunciando a necessidade de se repensar esse processo, para assim comungar com as propostas defendidas por alguns teóricos. O coordenador pedagógico necessita se reconhecer na função que está desenvolvendo para ser capaz de articular o trabalho pedagógico de forma segura e ser reconhecido pelos pares.

Sobre isto, Bolívar e Ricacco (2016, p. 168) nos lembram que "[...] para fazer frente aos desafios atuais, assim como os modos mais autônomos de levar a escola a responder as demandas crescentes de melhora, se exige uma liderança clara e pedagógica sob o risco de afetar a identidade profissional dos sujeitos envolvidos". Tomando como suporte o pensamento de Bolívar e Ricacco (2016), podemos inferir que a ausência de empoderamento e significado da função de coordenador pedagógico compromete o caminhar pedagógico da escola e, consequentemente, acentuam o enfraquecimento da identidade profissional deste sujeito, pois não se reconhece na função nem se sente habilitado e amparado pelos colegas, traço que, somado ao contexto histórico, são condições determinantes para a constituição ou fragilidade da identidade profissional.

Diante disto, qual o espaço/tempo de atuação do CP no ambiente escolar? O Regimento Escolar da Rede Pública de Ensino no Distrito Federal (DISTRITO FEDERAL, 2015) nos apresenta as atribuições descritas para o coordenador pedagógico no âmbito escolar. Após uma leitura minuciosa acerca dessa temática, observamos a contradição entre o ideal e o real sobre a atuação profissional

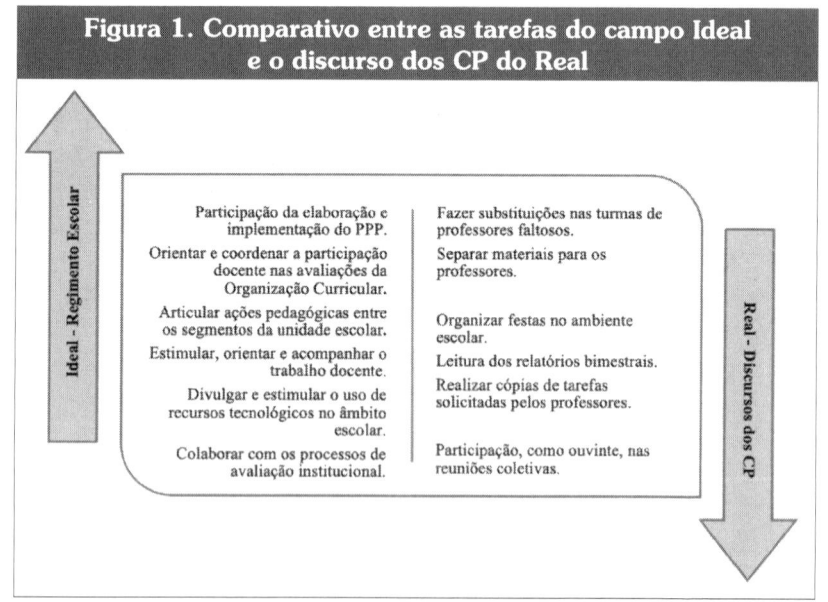

Figura 1. Comparativo entre as tarefas do campo Ideal e o discurso dos CP do Real

Ideal - Regimento Escolar	Real - Discursos dos CP
Participação da elaboração e implementação do PPP.	Fazer substituições nas turmas de professores faltosos.
Orientar e coordenar a participação docente nas avaliações da Organização Curricular.	Separar materiais para os professores.
Articular ações pedagógicas entre os segmentos da unidade escolar.	Organizar festas no ambiente escolar.
Estimular, orientar e acompanhar o trabalho docente.	Leitura dos relatórios bimestrais.
Divulgar e estimular o uso de recursos tecnológicos no âmbito escolar.	Realizar cópias de tarefas solicitadas pelos professores.
Colaborar com os processos de avaliação institucional.	Participação, como ouvinte, nas reuniões coletivas.

Fonte: Construído pela autora a partir da pesquisa de campo (2019).

desse sujeito. Nesse distanciamento evidencia-se uma instabilidade e aversão à função, pelos professores, visto que suas atribuições são das mais diversas e inespecíficas no ambiente escolar. A fim de evidenciar de forma satisfatória a discrepância entre o ideal e o real, a *Figura 1* apresenta a relação entre o Regimento Escolar (ideal) e os discursos dos CP (real).

Consideramos importante realizar um paralelo entre o ideal e o real, a fim de ressaltarmos a identidade profissional dos sujeitos da pesquisa se apresentando, apenas, como reflexo de sua relação com o trabalho e com seus pares, tendo como característica as contradições existentes, delineando a sua identidade profissional e sua percepção diante das vulnerabilidades do cotidiano. Ao analisar a divergência entre o ideal e o real, ainda podemos compreender e vislumbrar que o percurso histórico que o CP trilhou permitiu que suas atribuições se limitassem àquelas que eram realizadas pela ausência de um profissional específico. Essa característica se concretizou por ter como marca a mobilidade, disponibilidade e amplitude de espaço/tempo que o CP possui, diferente dos professores. Enfim, as tarefas de cunho organizacional dos professores e demais profissionais da escola foram transferidas aos coordenadores pedagógicos.

Diante desse cenário, por não ter legitimado de forma consistente seu lócus de trabalho, a volatilidade e a rotatividade expressas em seu cargo permitem que a sobrecarga de afazeres administrativos e de apoio seja assumida para si, esperando se sentirem reconhecidos e valorizados por seus pares. A importância de aprovação e reconhecimento pelos seus pares é fundamental, segundo Dubar (2005, p. 14):

> [...] é a relação entre esses dois processos de identificações (identidade para outrem — identificações atribuídas pelos outros — e identificação para si/identificações por si mesmo) que está no fundamento da noção de formas identitárias. Trata-se, mais precisamente, de processos históricos, ao mesmo tempo coletivos e individuais, que modificam a configuração das formas identitárias definidas como modalidades de identificação.

A atividade de captar e/ou perceber o olhar do outro acerca de si e ainda a sua percepção sobre o próprio trabalho, somadas ao percurso histórico se tornam constituintes da identidade profissional. Todavia, constatamos a distância entre o ideal e o real, fator que endossa a justificativa do coordenador pedagógico da escola pública do Distrito Federal de não possuir uma identidade sólida e coerente com as normatizações postuladas.

A constituição do CP como trabalhador e partícipe da dinâmica escolar desponta equivocada no Distrito Federal. Vale retomar como este sujeito foi atuando dentro da Secretaria de Educação do Distrito Federal, quando sua primeira aparição se deu em 1969 em uma proposta intitulada "O ensino primário no Distrito Federal". Naquele momento nasce o coordenador pedagógico.

Em síntese, para delinear a efetivação do coordenador pedagógico na SEEDF, destacamos a *Figura 2*.

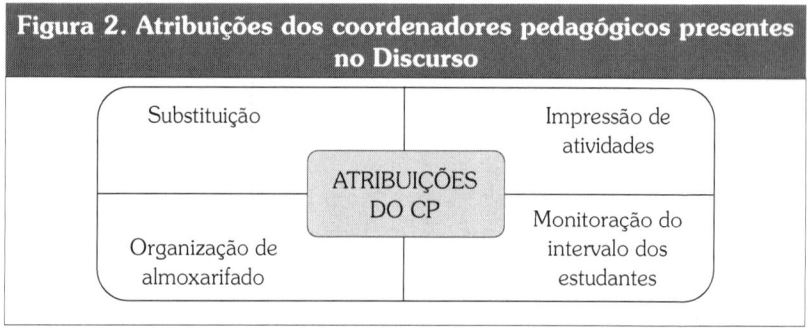

Figura 2. Atribuições dos coordenadores pedagógicos presentes no Discurso

Substituição	ATRIBUIÇÕES DO CP	Impressão de atividades
Organização de almoxarifado		Monitoração do intervalo dos estudantes

Fonte: Construído pela autora a partir da pesquisa de campo (2019).

Portanto, ainda se faz necessário analisar outras expressões que nos foram apresentadas pelos sujeitos da pesquisa, as quais descreveram de forma negativa as diversas atribuições que lhes são atribuídas:

> *Essa semana não pude ajudar os colegas como deveria porque passei a semana toda fazendo <u>substituições nas turmas dos professores faltosos</u>.* (PATRÍCIA)
>
> *Estou com as minhas pernas doloridas de tanto subir e descer escadas <u>levando material</u> para os professores, <u>tirando xerox</u> e correndo atrás de menino no intervalo.* (LUÍSA)

Desde que entrei na secretaria, há dezoito anos atrás, faço trabalhos que não são de minha responsabilidade, mas não tem quem faça. (PAULA)

As expressões em destaque denunciam o caráter polivalente do coordenador pedagógico. Outro dado relevante é a narrativa das coordenadoras pedagógicas que possuem mais de seis anos de atuação na SEEDF. Para elas, o caráter "faz-tudo" do CP é algo comumente observado, ao longo dos anos. Esse fato demonstra que os relatos as acompanham como marca histórica da função que estão exercendo.

Considerações finais

O intuito de desenhar a identidade do CP através do panorama das legislações que a contemple e da sua realidade no Distrito Federal nos trouxe até este ponto. Neste espaço, desvelamos as inúmeras funções e incertezas que foram atribuídas a este sujeito, desde sua criação e efetivação nas legislações. Contudo, verificamos que alguns traços sinuosos ainda o acompanham.

Os sujeitos contemplados nesta pesquisa nos forneceram dados importantes quanto ao seu pertencimento na função e a como ocorre a sua permanência. Entretanto, há muito o que refletir e ponderar sobre seus critérios e escolhas. Em contrapartida, conseguimos delinear a mobilização exaustiva dos CP em exercer sua função de maneira adequada ao trato pedagógico, mesmo destacando seus deslocamentos de funções, devido à incerteza e ao excesso de atribuições que lhes são incumbidas.

Portanto, mesmo com todas as incertezas, defendemos a inserção do CP como função fixa. Algo que não seja transitório, mas por concurso para tal cargo, evitando a rotatividade na função, e se restringindo ao trabalho exclusivo no campo pedagógico, fatores pertencentes ao pedagogo. Esta é a identidade que defendemos para o coordenador pedagógico.

Referências

ALMEIDA, Laurinda R.; PLACCO, Vera Maria Nigro de Souza. *O coordenador pedagógico e seus percursos formativos*. São Paulo: Loyola, 2018.
ALMEIDA, Laurinda R.; PLACCO, Vera Maria Nigro de Souza. *O papel do coordenador pedagógico*. Revista Educação, 12, 142, Fevereiro 2009.
BRASIL. CGEE. *Projeto Brasil 2003-2010: trajetórias e desafios*. Brasília: Centro de Gestão e Estudos Estratégicos, 2010. Disponível em: <https://www.cgee.org.br/documents/10182/734063/Projeto_Brasil_2003_2010_9553.pdf>. Acesso em: 12 dez. 2018.
BRASIL. Conselho Federal de Educação. Parecer n. 252/69. Estudos pedagógicos superiores. Mínimos de conteúdo e duração para o curso de graduação em pedagogia. Relator: Valnir Chagas. *Documenta. Brasília*, n. 100, pp. 101-117, 1969.
BRASIL. Lei n. 4.024, de 20 de dezembro de 1961. Lei de Diretrizes e Bases da Educação Nacional. Fixa as diretrizes e bases da educação nacional. *Diário Oficial da União*: seção 1. Brasília, 27 dez. 1961.
BRASIL. Lei n. 5.692, de 11 de agosto de 1971. Lei de Diretrizes e Bases da Educação Nacional (1971). Fixa Diretrizes e Bases para o ensino de 1º e 2º graus, e dá outras providências. *Diário Oficial da União*: seção 1. Brasília, 12 ago. 1971, p. 6377. Disponível em: <http://www.planalto.gov.br/ccivil_03/Leis/L5692.htm>. Acesso em: 2 jan. 2019.
BRASIL. Lei n. 9.394, de 20 de dezembro de 1996. Lei de Diretrizes e Bases da Educação Nacional. Estabelece as diretrizes e bases da educação nacional. *Diário Oficial da União*: seção 1, Brasília, p. 27833, 23 dez. 1996. Disponível em: <https://www.planalto.gov.br/ccivil_03/Leis/L9394.htm>. Acesso em: 2 jan. 2019.
BOLIVAR, Antônio Botia; RICACCO, M. Identidad profesional de los directores escolares en España. Un enfoque biográfico narrativo. *Opción*, v. 32, n. 79, pp. 163-183, 2016.
DISTRITO FEDERAL. Secretaria de Educação e Cultura. Coordenação de Educação Primária. *Ensino Primário no Distrito Federal*. Brasília: SEDF, 1969.
DISTRITO FEDERAL. Secretaria de Estado de Educação do Distrito Federal. *Regimento Escolar da Rede Pública de Ensino do Distrito Federal*. 6. ed. Brasília: SEDF, 2015.
DISTRITO FEDERAL. Secretaria de Estado de Educação Distrito Federal. *Orientações pedagógicas*. Brasília: SEDF, 2014.
DISTRITO FEDERAL. Secretaria de Educação Distrito Federal. *Portaria n. 29/2009*. Brasília, DF, 2009. *Diário Oficial do Distrito Federal*. Brasília, 2009.

DISTRITO FEDERAL. Secretaria de Educação Distrito Federal. *Portaria n. 74/2009*. Brasília, DF, 2009. *Diário Oficial do Distrito Federal*. Brasília, 2009.

DISTRITO FEDERAL. Secretaria de Estado de Educação Distrito Federal. Portaria n. 395, de 14 de dezembro de 2018. Dispõe sobre os critérios referentes à atuação dos servidores integrantes da Carreira Magistério Público do Distrito Federal nas atividades de docência e na orientação educacional [...] *Diário Oficial do Distrito Federal*. Brasília, 17 dez. 2018.

DISTRITO FEDERAL. Portaria n. 528/99. Estabelece a ampliação da Jornada Ampliada para toda a rede pública de ensino. *Diário Oficial do Distrito Federal*. Brasília: Imprensa Nacional, 1999.

DUBAR, Claude. *A socialização-construção das identidades sociais e profissionais*. Portugal: Porto Editora, 2005.

LIBÂNEO, José Carlos. *Pedagogia e pedagogos para quê?* 12. ed. São Paulo: Cortez, 2010.

LIBÂNEO, José Carlos. *Democratização da escola pública: a pedagogia crítico-social dos conteúdos*. 4. ed. São Paulo: Loyola, 2017.

MARX, Karl; ENGELS, Friedrich. *A Ideologia Alemã (Feurbach)*. 11. ed. São Paulo: Hucitec, 1999.

OLIVEIRA, Lívia Gonçalves de. *O coordenador pedagógico e sua identidade profissional: entre o pensado e o concreto*. 2019, 141 f. Dissertação (Mestrado em Educação) — Universidade de Brasília, Distrito Federal, 2019.

PLACCO, Vera M. N. S.; ALMEIDA, Laurinda R.; SOUZA, Vera L. T. *O coordenador pedagógico e a formação de professores: intenções, tensões e contradições*. Relatório de pesquisa desenvolvido pela fundação Carlos Chagas por encomenda da Fundação Victor Civita. São Paulo: FVC, 2011.

SAVIANI, Demerval. *Pedagogia histórico-crítica: primeiras aproximações*. 9. ed. Campinas: Autores Associados, 1999.

VASCONCELLOS, Celso dos Santos. *Coordenação do trabalho pedagógico: do projeto político pedagógico ao cotidiano da sala de aula*. São Paulo: Libertard, 2002.

Revisitando a coleção "Coordenador pedagógico" vinte anos depois: temas e tendências

Rodnei Pereira[1]
(rodneiuol@gmail.com)

Pequenas grandes memórias

> *Se a história é um garimpo, a memória é a bateia que revolve o cascalho do passado e busca dados preciosos para continuar nossa luta*
> (Paolo Nosella, 2005)

Tomo emprestadas as palavras de Nosella, para revolver minha própria bateia e buscar alguns dados que me são preciosos.

Assumi a coordenação pedagógica de uma escola pública estadual, de grande porte, na zona central da cidade de São Paulo, em 2001, aos 21 anos de idade. Na ocasião, contava com três anos de experiência como docente. Era um professor iniciante prestes a viver os desafios colocados pelo ingresso em uma nova atividade. Naquele momento histórico, os professores coordenadores pedagógicos eram selecionados mediante a realização de uma prova de credenciamento, realizada pelas Diretorias Regionais de Ensino. Uma vez aprovados, os candidatos deveriam apresentar propostas nas unidades escola-

---

1. Doutor em Educação: Psicologia da Educação, pela PUC-SP. Professor Permanente do Programa de Mestrado Profissional em Educação — Docência e Gestão Educacional, da Universidade Municipal de São Caetano do Sul — USCS, na linha 2 — Política e Gestão da Educação.

res, que seriam submetidas aos Conselhos de Escola, que faziam sua apreciação e possível escolha, a partir de ato designatório do diretor de escola, referendado pelo Diretor Regional de Ensino.

Não tinha pretensão de assumir a função de coordenador, naquele momento da minha carreira. Resolvi fazer a prova para a coordenação para estudar, para "tatear" esse campo, reconhecê-lo...

Foi assim que conheci os dois primeiros livros da coleção "Coordenador pedagógico", que constavam no edital da prova: "O coordenador pedagógico e a educação continuada", cuja primeira edição data de 1998, e "O coordenador pedagógico e a formação docente", editado em 2000.

Estudando para a prova de seleção que eu faria, é que os nomes de Luiza Christov, Eliane Bruno, Laurinda Ramalho de Almeida e Vera Placco, entre outros autores, tornaram-se referências para mim, e me acompanharam, ao longo de todos os anos subsequentes, pois, por não haver ninguém que pudesse assumir o posto de trabalho de professor coordenador pedagógico, na escola na qual trabalhava, atendi a um pedido do diretor da unidade e fui designado.

Peço licença a todos os autores que tanto contribuíram para que a coleção se consagrasse tanto entre coordenadores pedagógicos quanto na comunidade acadêmica, e especialmente às minhas amigas Vera, Laurinda e Luiza, para fazer um destaque, neste texto, à minha história com Eliane, que é uma das propositoras da coleção e autora de muitos de seus textos.

Conheci-a, primeiro, pelos seus escritos. Por meio de seu texto "O trabalho coletivo como espaço de formação", publicado no primeiro livro da referida coleção, eu, que me tornava um coordenador muito jovem e inexperiente, porque não havia outra pessoa que assumisse essa função, em uma escola grande, fora convocado, veementemente por uma frase de sua autoria:

> Podemos pensar em três visões possíveis para o papel do coordenador: uma, como representante dos objetivos e princípios da rede escolar a que pertence (estadual, municipal ou privada); outra, como educador que tem obrigação de favorecer a formação dos professores, colocando-os em contato com diversos autores e expe-

riências para que elaborem suas próprias críticas e visões da escola (ainda que sob as diretrizes da rede em que atuam) e, finalmente, como alguém que tenta fazer valer suas convicções, impondo seu modelo para o projeto pedagógico. (BRUNO, 1998, p. 15)

Tais palavras fizeram-me pensar em como poderia tornar-me alguém que pudesse favorecer a formação dos professores, colocá-los em contato com diversos autores e experiências para que elaborassem suas próprias críticas e visões da escola. Grande desafio! Mas, aceitei-o. E, passados 20 anos, me dou conta de que tal convocação constituiu, de muitas formas, minha trajetória como formador de professores e como pesquisador. Um tanto do meu inconformismo, das minhas inquietudes, do meu apreço pelas experiências, vivências, memórias dos professores, coordenadores e gestores escolares com os quais venho trabalhando carregam essas marcas que as palavras de Eliane Bruno imprimiram em mim.

Voltando um pouco no tempo, entre os anos de 2011 e 2012, tive o prazer de conhecê-la pessoalmente. Estávamos concorrendo a duas vagas de professores para o curso de Pedagogia, de uma instituição de ensino superior privada, na zona Sul de São Paulo. Assistimos à aula-teste um do outro. Eu sabia quem ela era. Lembro-me que fiquei muito nervoso, mas seu sorriso, largo como o de minha mãe, encorajou-me. Ganhei um elogio pela aula, na qual contei um trecho de "A Casa da Madrinha", de Lygia Bojunga, e teci comentários acerca das práticas pedagógicas dos professores dos anos iniciais do Ensino Fundamental, em um mundo em transformação.

Na saída da seleção, resolvemos tomar um café juntos. E as afinidades apareceram: aspirações, ideias, sorrisos, valores. Foi nesse café que Eliane relatou-me que estimulara, junto com Luiza Christov, a publicação do livro que dera origem à atual coleção, que haviam, junto com Laurinda Ramalho de Almeida, organizado o segundo volume, e que Vera Placco, desde o início, também assumira o compromisso com a causa da coordenação, dada a sua experiência profissional e produção acadêmica na área.

Cabe dizer, também que, do terreno das minhas pequenas memórias, nos dois anos letivos em que trabalhei com Eliane, ela foi uma parceira de trabalho e uma amiga absolutamente solidária. Não há melhor palavra para defini-la, justamente em um texto escrito para este volume da coleção "Coordenador pedagógico". Dedico-lhe este capítulo.

Introdução

Tomo minha experiência como coordenador pedagógico, como formador de coordenadores, como estudioso do tema, e minha participação como membro de bancas examinadoras de trabalhos de mestrado e doutorado que se dedicaram a investigar o trabalho de coordenadoras e coordenadores pedagógicos, para revisitar os 14 volumes da coleção "Coordenador pedagógico", publicados entre 1998 e 2019 e analisar seus textos introdutórios e/ou de apresentação, retomando os temas e tendências que compuseram a coleção.

Tal intento se justifica pois, com tantos anos de intensas produções e contribuições, é chegado o momento de fazer um breve balanço para que possamos compreender o que produzimos, ao longo desta travessia — parafraseando Guimarães Rosa —, no sentido de não contribuirmos para a dispersão dos temas que compõem o escopo de trabalho do coordenador pedagógico no Brasil, guardadas as singularidades e contornos de sua atividade nas diversas redes de ensino de todo o país, e também para pensarmos em perspectivas presentes e futuras.

Minha preocupação vem se acentuando, pois constatei, tanto em situações de formação de coordenadores quanto na leitura dos trabalhos acadêmicos que venho avaliando, que alguns temas, textos e conceitos são pouco ou sequer mencionados.

Desta maneira, procurarei, retomando a epígrafe utilizada no início do presente texto, destacar alguns dos dados preciosos forjados ao longo das duas últimas décadas, no sentido de continuar a nossa luta em prol de políticas públicas que considerem a importância da coordenação pedagógica e que deem todas as condições para que coordenadores e coordenadoras de todo o país cumpram a sua função.

Um pouco de história

Quando examinei, sob orientação de Vera Placco, a literatura sobre coordenação pedagógica (PEREIRA, 2017), durante meu processo de doutoramento, verificamos que a publicação de estudos sobre coordenação pedagógica teve sua gênese na década de 1980, mas um crescimento exponencial, na segunda metade da década de 1990 — o que coincide com a publicação de "O coordenador pedagógico e a educação continuada", em 1998.

Observa-se que os estudos sobre coordenação pedagógica acompanham os movimentos das políticas educacionais que foram se configurando após a redemocratização do país, e no bojo da legislação educacional mais recente: a Constituição Federal de 1988, o Estatuto da Criança e do Adolescente e a LDBEN 9.394/1996, a lei 11.738/2008, que instituiu o Piso Nacional do Magistério, que trouxeram como marcas fundamentais a reorganização da educação básica, da qual passou a fazer parte a Educação Infantil, o Ensino Médio como etapa obrigatória e a formação continuada como direito dos professores. Esses fenômenos, pensando no âmbito das redes estaduais e municipais, desde então, vieram estruturando seus planos de carreira do magistério, implantando a coordenação pedagógica, com essa nomenclatura ou afins, seja como função em designação ou cargo provido por concurso público (neste caso, em uma quantidade de casos bem pequena). O fato é que, nos últimos 26 anos, vem aumentando o número de postos de trabalho de coordenador pedagógico no país e isso justifica o aumento da produção acadêmica sobre o tema.

Nesse cenário se inserem os 14 volumes da referida coleção, os quais convém relembrar:

Quadro 1. Livros publicados da coleção *Coordenador pedagógico* entre 1998 e 2019

Volume	Título	Organizadoras	Ano da primeira edição	Edição Atual
1	O coordenador pedagógico e a educação continuada	Laurinda Ramalho de Almeida e Luiza Helena da Silva Christov	1998	14ª
2	O coordenador pedagógico e a formação docente	Eliane Bambini Gorgueira Bruno, Laurinda Ramalho de Almeida e Luiza Helena da Silva Christov	2000	13ª
3	O coordenador pedagógico e o espaço da mudança	Laurinda Ramalho de Almeida e Vera Maria Nigro de Souza Placco	2001	10ª
4	O coordenador pedagógico e o cotidiano da escola	Vera Maria Nigro de Souza Placco e Laurinda Ramalho de Almeida	2003	9ª
5	O coordenador pedagógico e questões da contemporaneidade	Laurinda Ramalho de Almeida e Vera Maria Nigro de Souza Placco	2006	6ª
6	O coordenador pedagógico e os desafios da educação	Vera Maria Nigro de Souza Placco e Laurinda Ramalho de Almeida	2008	5ª
7	O coordenador pedagógico e o atendimento à diversidade	Laurinda Ramalho de Almeida e Vera Maria Nigro de Souza Placco	2010	3ª
8	O coordenador pedagógico: provocações e possibilidades de atuação	Vera Maria Nigro de Souza Placco e Laurinda Ramalho de Almeida	2012	2ª
9	O coordenador pedagógico e a formação centrada na escola	Laurinda Ramalho de Almeida e Vera Maria Nigro de Souza Placco	2013	2ª

continuação...

Quadro 1. Livros publicados da coleção *Coordenador pedagógico* entre 1998 e 2019

Volume	Título	Organizadoras	Ano da primeira edição	Edição Atual
10	O coordenador pedagógico no espaço escolar: articulador, formador, transformador	Vera Maria Nigro de Souza Placco e Laurinda Ramalho de Almeida	2015	1ª
11	O coordenador pedagógico e o trabalho colaborativo na escola	Laurinda Ramalho de Almeida e Vera Maria Nigro de Souza Placco	2016	1ª
12	O coordenador pedagógico e a legitimidade de sua atuação	Vera Maria Nigro de Souza Placco e Laurinda Ramalho de Almeida	2017	1ª
13	O coordenador pedagógico e seus percursos formativos	Laurinda Ramalho de Almeida e Vera Maria Nigro de Souza Placco	2018	1ª
14	O coordenador pedagógico e questões emergentes na escola	Vera Maria Nigro de Souza Placco e Laurinda Ramalho de Almeida	2019	1ª

Fonte: *Site* de Edições Loyola.

Uma breve análise dos títulos dos volumes sugere seus temas centrais: a palavra formação (educação continuada[2], formação docente, formação centrada na escola, formador, percursos formativos) e suas variações compõem, explicitamente, o título de 5 volumes, o que acentua a concepção da coleção de que o papel central do coor-

---

2. A inclusão da expressão educação continuada, como variação para formação, foi considerada aqui, pois, pela forma como Christov (1998) a emprega — um conjunto de ações diversificadas, voltadas para o aprimoramento profissional dos professores, após a formação inicial, e durante os anos de exercício profissional —, se aproxima da expressão formação continuada, que é socialmente reconhecida, nos dias atuais.

denador pedagógico é a responsabilidade pela formação continuada dos professores, centrada na escola e, para tanto, as necessidades formativas dos próprios coordenadores precisa ser devidamente cuidada pelas redes e sistemas de ensino.

Cabe destacar, também, que os temas relacionados às experiências e desafios vividos no cotidiano escolar pelos coordenadores pedagógicos foram objeto de preocupação dos autores dos livros, o que sugere um alinhamento com as demandas da formação continuada, como sugerem as expressões: espaço da mudança, cotidiano da escola, questões da contemporaneidade, desafios da educação, atendimento à diversidade e questões emergentes na escola.

A breve análise da linha editorial da coleção mostra, ainda, que, alinhadas à concepção de formação continuada, centrada na escola e sintonizada com as demandas do cotidiano vivido nas escolas brasileiras pelos coordenadores pedagógicos, outras ideias principais vêm compondo a coleção: a importância do trabalho coletivo. Um dos desafios fundamentais das escolas, após a redemocratização do país, tem sido a construção e manutenção de projetos democráticos. Nesse sentido, alguns dos volumes da coleção se debruçaram sobre: provocações e possibilidades de atuação para os coordenadores, o trabalho colaborativo na escola e sobre a legitimidade de sua atuação.

Especialmente sobre esses temas, vale salientar que está o reconhecimento da figura do coordenador pedagógico como um profissional essencial nas escolas, seja pelos próprios coordenadores, seja por todos os demais membros da comunidade escolar, incluindo os estudantes (que muitas vezes não compreendem bem o papel do coordenador em uma escola). O coordenador pedagógico é membro da equipe gestora, mas seu papel não substitui, não se justapõe, nem se opõe ao dos diretores e assistentes de direção. Mas a divisão do trabalho entre a equipe gestora, que não é simples, tampouco evidente (PEREIRA, 2017), indica que os coordenadores pedagógicos brasileiros ainda têm, como uma de suas principais pautas, compreenderem o escopo do seu trabalho, que é condição para vivenciarem-no internamente para que, então, coletivamente, possam conquistar seu espaço (mais do que legítimo).

De modo geral, o que se pode afirmar é que a concepção geral da coleção, que foi se complexificando ao longo das duas últimas décadas, se constituiu em torno da ideia de que o desenvolvimento profissional dos coordenadores pedagógicos brasileiros encontra a sua finalidade no encontro dialético entre a tarefa primordial de conduzir os processos de formação de professores, articulando a equipe escolar na construção permanente e coletiva dos projetos político-pedagógicos das unidades escolares e na transformação das práticas pedagógicas dos professores, tendo em vista a função social da escola, que é a aprendizagem dos estudantes. Essa concepção — o coordenador pedagógico como articulador da equipe escolar, formador de professores e transformador das práticas, apareceu explicitamente, não apenas no título do 10º volume da coleção, como foi explicada por Almeida (2010, p. 44), em "O coordenador pedagógico e o atendimento à diversidade", citando Almeida e Placco, 2009:

> Acredito que compete ao professor-coordenador[3], como coordenador pedagógico, as funções de articulador, formador e transformador:
> — como articulador, seu principal papel é oferecer condições para que os professores trabalhem coletivamente as propostas curriculares, em função de sua realidade, o que não é fácil, mas possível;
> — como formador, compete-lhe oferecer condições ao professor para que se aprofunde em sua área específica e trabalhe bem com ela;
> — como transformador, cabe-lhe o compromisso com o questionamento, ou seja, ajudar o professor a ser reflexivo e crítico em sua prática. (ALMEIDA, PLACCO, 2009, p. 39)

---

3. É relevante informar que o termo professor-coordenador foi utilizado pelas autoras, pois, no contexto paulista, a coordenação pedagógica foi implantada como função em designação, em todas as escolas da rede estadual, em 1996. Esse dado, que consta no texto introdutório de "O coordenador pedagógico e a educação continuada", também é importante para compreendermos o aumento da produção acadêmica sobre coordenação, haja vista que a Rede Estadual de Ensino do Estado de São Paulo é uma das maiores do país.

Com isso, observa-se que a concepção central de coordenação pedagógica defendida pela coleção foi, aos poucos, sendo construída e aprimorada. Compreender tal concepção é fundamental tanto academicamente quanto para o universo da práxis, tanto no âmbito da formulação de políticas públicas quanto da execução cotidiana do trabalho pedagógico das escolas, do seu planejamento à sua avaliação, que é um aspecto que precisa ser melhor investigado pelas pesquisas e considerado no terreno das práticas, no que diz respeito à coordenação pedagógica na relação com a equipe gestora, e como esta concebe, divide e executa seu trabalho.

Sigamos, então, para uma breve análise dos textos de apresentação e/ou introdutórios dos volumes publicados.

A coleção "Coordenador pedagógico": temas e tendências

Para facilitar a exposição dos textos analisados, opto por apresentá-los também por meio do *Quadro 2*.

Quadro 2. Temas em discussão na coleção *Coordenador pedagógico* entre 1998 e 2019			
Volume	Título	Assuntos	Temas explorados nos capítulos
1	O coordenador pedagógico e a educação continuada	– Reflexão sobre a prática no próprio local de trabalho. – Reorganização coletiva do espaço escolar por meio de um projeto pedagógico voltado para a efetiva superação dos problemas educacionais. – Oferta de subsídios aos coordenadores pedagógicos.	A formação continuada como tarefa essencial do coordenador; Os desafios do trabalho coletivo; A identidade do coordenador pedagógico; A construção do projeto político e pedagógico; Articulação entre teoria e prática; Observação e discussão sobre práticas de ensino; Elaboração de diagnósticos para a formação continuada.
2	O coordenador pedagógico e a formação docente	– O papel do registro na formação continuada. – Desenvolvimento de projetos de formação continuada.	Espaços de formação dos próprios coordenadores; Formação continuada na escola e em outras situações; Dimensões da formação docente. Professor iniciante; Planejamento de início de ano; Reuniões pedagógicas; Novas tecnologias; Reformas pedagógicas; A dimensão relacional na formação docente; Saberes e sentimentos dos professores.
3	O coordenador pedagógico e o espaço da mudança	– Pistas para as rotinas de trabalho. – Reflexões sobre o processo de coordenação pedagógica e de formação continuada.	Coordenação pedagógica em classes de aceleração da aprendizagem; Coordenador como agente de transformação; Constituição do grupo de professores; Intenções e problemas nas práticas de coordenadores; Reuniões pedagógicas; Fatores que intervêm no

continuação...

Quadro 2. Temas em discussão na coleção *Coordenador pedagógico entre 1998 e 2019*

Volume	Título	Assuntos	Temas explorados nos capítulos
			trabalho dos coordenadores; Relacionamentos interpessoais. Tornar-se coordenador pedagógico; Professor coordenador de turma; Dificuldades de aprendizagem; Coordenação, avaliação e formação; Mudanças curriculares na escola.
4	O coordenador pedagógico e o cotidiano da escola	– Reflexões, achados, questionamentos sobre a prática dos coordenadores pedagógicos. – Foco no cotidiano escolar, mostrando desafios do dia a dia.	Cotidiano escolar como campo de estudo; Sentimentos dos coordenadores sobre a rotina de trabalho; Organização da rotina; Mudança nas práticas de coordenação; Sentimentos dos professores; Atendimento à diversidade na escola; O papel do coordenador na formação continuada; Compartilhamento de uma experiência positiva de coordenação; O coordenador e o entendimento da instituição escolar; Relações de poder na escola.
5	O coordenador pedagógico e questões da contemporaneidade	– Saberes do coordenador como formador. – Subsídios à prática do coordenador, a partir de temas contemporâneos.	Saberes do coordenador pedagógico; Relações de autoridade, respeito e valores da escola; O trabalho do coordenador e os cuidados com os outros e consigo; Protagonismo juvenil; Participação em órgãos colegiados; Fracasso escolar; Educação inclusiva; A importância do registro.

continuação...

Quadro 2. Temas em discussão na coleção *Coordenador pedagógico* entre 1998 e 2019

Volume	Título	Assuntos	Temas explorados nos capítulos
6	O coordenador pedagógico e os desafios da educação	– Outras perspectivas para olhar as questões e obstáculos do cotidiano da escola. – Busca de alternativas para enfrentá-los e superá-los.	Projetos de formação de professores; Trabalho coletivo como ação preventiva; Aproximações entre os saberes da experiência e os conhecimentos teóricos; O coordenador como articulador do currículo: Relações interpessoais como propiciadoras de desenvolvimento; O trabalho coletivo como potencializador da autoformação dos coordenadores; Relações interpessoais e a formação inicial dos coordenadores; Grupos de estudo; Políticas públicas para a coordenação pedagógica.
7	O coordenador pedagógico e o atendimento à diversidade	– Análise da diversidade das escolas e dos segmentos que as integram.	Memórias sobre a coordenação no estado de São Paulo; Saberes e aprendizagens do coordenador; Formação de professores para a diversidade; Coordenação pedagógica na educação infantil; Coordenação de professores alfabetizadores; Coordenação de professores nos anos finais do Ensino Fundamental; Coordenação pedagógica na educação de jovens e adultos; Coordenação pedagógica e a inclusão de estudantes com deficiência; O papel do coordenador e a singularidade das escolas.

continuação...

Quadro 2. Temas em discussão na coleção *Coordenador pedagógico* entre 1998 e 2019

Volume	Título	Assuntos	Temas explorados nos capítulos
8	O coordenador pedagógico: provocações e possibilidades de atuação	– Questões provocativas e oferecer fundamentação para uma atuação mais viva e exitosa dos coordenadores.	O coordenador na visão de professores e diretores; Coordenação pedagógica na educação infantil; O papel do coordenador na formação de professores; Implicações da ação do coordenador em processos de formação continuada; Concepções do coordenador sobre formação; Contribuições de Henri Wallon para o trabalho de coordenadores; A coerência como dimensão formativa; Organização de planejamentos interdisciplinares, a partir da experiência dos ginásios vocacionais; A importância do projeto pedagógico.
9	O coordenador pedagógico e a formação centrada na escola	– Escola como lócus de formação. – Estratégias formativas.	Formação centrada na escola e seus aspectos conceituais; parceria entre gestores e coordenadores; escola como lócus de formação; projetos de formação com base na história das escolas; O papel do coordenador na constituição de redes colaborativas de formação; Coordenador como gestor do currículo; coordenador pedagógico iniciante; Estratégias viabilizadoras de formação na escola; Planejamentos de trabalho de coordenadores e seu potencial formativo; Observação de aula como estratégia para a formação continuada.

continuação...

Quadro 2. Temas em discussão na coleção *Coordenador pedagógico entre 1998 e 2019*

Volume	Título	Assuntos	Temas explorados nos capítulos
10	O coordenador pedagógico no espaço escolar: articulador, formador, transformador	– Possibilidades e alternativas para o enfrentamento das limitações dos sistemas educacionais.	Retrato do coordenador pedagógico brasileiro; memórias de incidentes críticos como impulsos para iniciar processos formativos; trabalho coletivo na escola; o coordenador pedagógico na perspectiva de professores iniciantes na Educação de Jovens e Adultos; A avaliação como elemento articulador do trabalho do coordenador; Necessidades formativas dos coordenadores pedagógicos; Elementos facilitadores do trabalho do coordenador.
11	O coordenador pedagógico e o trabalho colaborativo na escola	– Importância do trabalho coletivo e colaborativo para o trabalho do coordenador pedagógico.	O trabalho colaborativo: aspectos conceituais; relações interpessoais potencializadoras de trabalho colaborativo; a constituição identitária dos professores; Parceria entre gestores e coordenadores; Rogers e Freire como fundamentos para o trabalho colaborativo; A construção de metodologias participativas de formação; trabalho colaborativo nos ginásios vocacionais; espaços de aprendizagem do coordenador; Constituição da coletividade na escola: formação nos espaços coletivos da escola.
12	O coordenador pedagógico e a legitimidade de sua atuação	– Reflexões sobre experiências profissionais e formativas que reforçam a legitimidade da atuação do coordenador pedagógico.	Identidade do coordenador pedagógico e relações de poder na escola; Relações interpessoais no ambiente escolar; O coordenador pedagógico como gestor do projeto pedagógico; Propostas de formação para

continuação...

Quadro 2. Temas em discussão na coleção *Coordenador pedagógico* entre 1998 e 2019

Volume	Título	Assuntos	Temas explorados nos capítulos
13	O coordenador pedagógico e seus percursos formativos	– Propostas inovadoras para o enfrentamento dos desafios da formação do coordenador pedagógico.	enfrentamento da indisciplina escolar; saberes e rotinas do coordenador que atua em creches; Práticas cooperativas entre coordenador e psicólogo escolar; O coordenador pedagógico como formador; planejar, acompanhar e avaliar como tarefas do coordenador. Conceito de formação; O pedagógico do coordenador pedagógico; especificidade da atuação do coordenador; Diálogos entre coordenadores sobre as mudanças curriculares; Mapeamento de conhecimentos prévios e necessidades formativas de professores; Elaboração de percursos de formação continuada; Percursos formativos e desenvolvimento profissional de coordenadores pedagógicos.
14	O coordenador pedagógico e questões emergentes na escola	– Apresentar indícios significativos de questões emergentes que chegam à escola e provocam sensação de impotência nos educadores.	Escola como espaço de conhecimento, convivência e representação do mundo; Dimensões constitutivas da identidade do coordenador; A formação continuada na escola como possibilidade para lidar com questões emergentes; Convivência democrática nas escolas; conselhos de classe e seu potencial formativo; Reuniões pedagógicas semanais e seu potencial formativo em creches; Coordenação pedagógica na educação infantil; O coordenador pedagógico como gestor do currículo; o coordenador pedagógico e a cultura de paz.

Fonte: O autor.

Ao analisarmos os assuntos tratados, ao longo dos 14 volumes da coleção, observa-se que estiveram voltados para a oferta de subsídios aos coordenadores pedagógicos, no que se refere ao desenvolvimento de projetos de formação continuada centrados na escola, sintonizados com seu projeto pedagógico, contextualizados no enfrentamento dos desafios concretos vividos pelas equipes profissionais, em uma perspectiva de gestão democrática — pela via do trabalho coletivo/colaborativo, e acolhendo, nos contextos formativos, temas contemporâneos, que emergem no cotidiano escolar.

Em relação aos temas explorados pelos autores, foi possível verificar duas grandes tendências: uma tendência na qual os capítulos abarcam discussões sobre o coordenador pedagógico e seu olhar voltado para a escola e para os professores e uma segunda tendência que diz respeito ao coordenador pedagógico e seus olhares para o próprio desenvolvimento profissional. Essas tendências são comentadas a seguir.

O coordenador pedagógico e seu olhar para a escola e para os professores

Essa primeira tendência parece explicitar uma preocupação que predominou até o 9º volume. Nesses volumes, foram feitas discussões sobre a prática do coordenador, a elaboração de planos de formação continuada centrados na escola, o compartilhamento de experiências diversas (especialmente aquelas que recuperam situações vivenciadas em programas e projetos específicos), relações interpessoais e de grupo (com vistas à superação de relações de poder verticais e a instituição de coletivos democráticos nas escolas), saberes dos professores, a gestão curricular e organização de reuniões coletivas de formação.

As reflexões estiveram voltadas para o papel do coordenador pedagógico, abordaram o conceito de formação continuada, a noção de formação centrada na escola, elucidando que trata-se de uma diversidade de ações de formação que têm a escola como centro, mas que não se encerram na escola e que são complementares ao que o coordenador pedagógico pode realizar em seu interior, nos diferentes tempos e espaços destinados à formação, entendida como componente do desenvolvimento profissional docente. Sobre esse conceito, vale lembrar que se refere a:

> **um processo que envolve as mudanças, adaptações e, em certa medida, as possíveis transformações que podem ocorrer ao longo da carreira dos professores.** Essas transformações dizem respeito ao desempenho na carreira, aos compromissos assumidos, ao envolvimento com a carreira, às maneiras peculiares com que todos e cada um dos trabalhadores da educação constroem suas formas de serem e estarem na profissão.
> Diz respeito a como alguém pode se tornar mais capaz de desempenhar as atividades concernentes ao ensino, desenvolver habilidades, atitudes, ter expectativas, assumir compromissos. Diz respeito, também, a como os trabalhadores se organizam para viver as experiências profissionais, que carregam tudo o que já foi vivido no passado, mas também devires. Por fim, o desenvolvimento profissional engloba, também, a visão que um profissional tem da própria profissão e das políticas que a constitui como também a capacidade — ou não — de ler e interpretar o contexto no qual a atividade profissional se dá. (PEREIRA, 2017, p. 111)

Nesse sentido, o conceito de desenvolvimento profissional é muito mais amplo que o conceito de formação, integrando-o.

Partindo desse princípio, a primeira tendência verificada nos nove primeiros volumes da coleção em questão se ocupou da formação dos coordenadores que estavam "tateando" seu posto de trabalho. Considerando que o coordenador pedagógico não recebe a devida atenção nas políticas públicas, a coleção cumpre o papel de apontar caminhos que possam auxiliar os coordenadores, que se desenvolvem profissionalmente no exercício de sua atividade profissional em si (PEREIRA, 2017), contextualizados em constructos que, majoritariamente, se direcionam para as realidades de cada escola (mais explicitamente, para os projetos político-pedagógicos) e para o manejo com os grupos de professores.

Tendo como centro a ideia de um coordenador pedagógico que exerça a função essencial de formador de professores, que foi (e é) o principal posicionamento ético e político dos autores, estes também problematizaram a identidade e a necessidade da formulação e implementação de políticas públicas que se responsabilizassem pela coordenação, em todo o país. Essa ideia se fortaleceu nas publicações que compõem a segunda tendência, apresentada a seguir.

O coordenador pedagógico e seus olhares para o próprio desenvolvimento profissional

Nessa segunda tendência, que foi se configurando de maneira mais visível a partir do 10º volume da coleção, os autores desenvolveram, com mais profundidade, uma concepção que parte da ideia que, na medida em que forma os professores, o coordenador também deveria ter a possibilidade de se formar, com espaços, tempos e condições garantidas para isso. Essa ideia, que se concretiza na perspectiva de formação centrada na escola, ganhou intensidade quando a pesquisa nacional "O coordenador pedagógico — tensões, intenções e contradições", coordenada por Vera Maria Nigro de Souza Placco, Laurinda Ramalho de Almeida e Vera Lucia Trevisan de Souza, retratou os coordenadores pedagógicos de todo o país.

A pesquisa não apenas explicitou as características dos coordenadores dos quatro cantos do Brasil, como mostrou os desafios e necessidades da coordenação, em todas as redes de ensino. Corroborou a importância de que as políticas educacionais criem condições para que os coordenadores possam exercer seu papel como formadores de professores, mas também mostrou o que os profissionais da coordenação precisam para que consigam executar esse complexo trabalho.

O estudo, mencionado na introdução do 10º volume, deu o tom para os temas dos livros publicados desde então que, de forma mais profunda, vêm abordando a discussão sobre a identidade profissional dos coordenadores e suas relações com os contextos, princípios, ações e práticas formativas desenvolvidas pelos profissionais.

Isso não significa que os temas presentes nos volumes anteriores tenham sido superados, abandonados ou substituídos por outros. Ao contrário, se aprofundaram, ganhando novas nuanças, como se pode observar nos capítulos que tratam de temas como a identidade profissional dos coordenadores pedagógicos, suas necessidades formativas, desenvolvimento profissional, elementos facilitadores do seu trabalho, seus percursos formativos, perspectivas democráticas de formação nos contextos de trabalho, os desafios do coordenador diante da promulgação da Base Nacional Comum Curricular e o papel da coordenação na promoção de uma cultura de paz, dada a busca de novos sentidos para a escola neste século XXI.

É possível afirmar, assim, que os temas abordados na coleção se "espiralaram", ou seja, passaram a tratar, de forma mais radical, o duplo movimento de reflexividade que compõe o trabalho de um formador — como é o coordenador pedagógico —, que, por um lado precisa estar atento aos movimentos da própria formação, e por outro, conseguir fomentar a formação da sua equipe de professores.

Observou-se, também, que há uma predominância do papel do coordenador pedagógico no Ensino Fundamental, alguns apontamentos sobre a Educação de Jovens e Adultos, bem como se observa o despontar de produções que se voltam para a coordenação pedagógica na Educação Infantil, para a indisciplina escolar e para a relação do coordenador com outros profissionais, como o diretor e o psicólogo escolar, em contextos nos quais esse profissional existe e atua.

O exame dessas duas tendências mostra que a coleção ainda tem muito a contribuir, especialmente em temas que estão silenciados, como é o caso da coordenação no Ensino Médio, Técnico e Profissionalizante, dos professores que trabalham com jovens do ensino médio e dos anos finais do ensino fundamental, da divisão do trabalho com os demais membros da equipe gestora, como o diretor e o vice-diretor de escola, a relação com supervisores de ensino e formadores que atuam em nível de sistema, a atuação do coordenador pedagógico como membro da rede intersetorial colaborativa de políticas públicas e garantia de direitos, composta por assistentes sociais, conselheiros tutelares e profissionais de saúde, bem como, seguindo uma tendência da própria coleção, há muitos temas emergentes e desafiadores para as escolas, como a propagação de notícias falsas, a polarização político-ideológica, a pandemia que obrigou-nos a reconfigurar nossas relações sociais e de trabalho, o uso de tecnologias digitais, as questões étnico-raciais e de gênero, outras metodologias e estratégias de formação diversificadas, visto que algumas — como a observação de aulas —, já foram tratadas na coleção (uso de casos de ensino, tematização da prática, devolutivas) e tantas outras temáticas que já estão postas ou que ainda estão por vir. Cabe ressaltar, ainda, a importância que as discussões sobre relações interpessoais e de grupo vêm tendo na coleção e que ainda apresentam potencial de discussão. Por exemplo, abordar o papel das relações interpessoais na construção de vínculos, a confiança como sentimento mediador das relações formativas, o aprofundamento da noção de coletividade, a importância das relações solidárias entre pares, enfim, um conjunto de temas que auxiliem o coordenador pedagógico a, junto com a equipe escolar, superar a cultura do individualismo e da performatividade competitiva, que são nocivas à democratização da escola e da sociedade.

Algumas considerações

Como se mostrou ao longo do texto, a coleção "Coordenador pedagógico", em mais de 20 anos de existência, tratou dos mais diversos temas que envolvem o trabalho de quem adentra os espaços e tempos da coordenação pedagógica. Cada um dos volumes não apenas pode como deve ser revisitado, tanto por coordenadores iniciantes quanto por experientes, ou ainda, por quaisquer profissionais e pessoas interessadas em conhecer melhor a coordenação pedagógica e educacional. Por isso empreendi o esforço de relembrar, registrar e fazer remissão aos assuntos e temas tratados, bem como de apontar suas tendências e novas temáticas a serem aprofundadas, pois, como afirma Guicciardini: "tudo aquilo que foi no passado e é no presente será ainda no futuro; mas os nomes e as aparências das coisas mudam de tal maneira que quem não tem bom olho não as reconhece" (1995, p. 83).

Concluo, assim, com a esperança — freireana e crítica — de que essas palavras sirvam tanto para coordenadores pedagógicos que buscam contribuições para melhor enfrentarem os desafios que vivem em seu cotidiano de trabalho, quanto para pesquisadores que se interessam pelo coordenador pedagógico e que farão estudos sobre esse tema, tão importante para a educação, em nosso país.

Referências

ALMEIDA, L. R de; CHRISTOV, L. H. da S. (orgs.). *O coordenador pedagógico e a educação continuada*. São Paulo: Loyola, 1998.

ALMEIDA, L. R. de; PLACCO, V. M. N. S. O papel do coordenador pedagógico. *Revista Educação*, ano 12, n. 142, fev. 2009.

ALMEIDA, L. R. de; PLACCO, V. M. N. S. (orgs). *O coordenador pedagógico e a formação centrada na escola*. São Paulo: Loyola, 2013.

_____. *O coordenador pedagógico e o espaço da mudança*. São Paulo: Loyola, 2001.

_____. *O coordenador pedagógico e questões da contemporaneidade*. São Paulo: Loyola, 2006.

_____. *O coordenador pedagógico e o atendimento à diversidade*. São Paulo: Loyola, 2010.

_____. *O coordenador pedagógico e o trabalho colaborativo na escola*. São Paulo: Loyola, 2016.

_____. *O coordenador pedagógico e seus percursos formativos*. São Paulo: Loyola, 2018.

BRUNO, E. B. G. O trabalho coletivo como espaço de formação. In: ALMEIDA, L. R de; CHRISTOV, L. H. da S. *O coordenador pedagógico e a educação continuada*. São Paulo: Loyola, 1998.

BRUNO, E. B. G; ALMEIDA, L. R de; CHRISTOV, L. H. da S. (orgs.). *O coordenador pedagógico e a formação docente*. São Paulo: Loyola, 2000.

GUICCIARDINI, F. *Reflexões*. São Paulo: Hucitec/Instituto Italiano di Cultura/Instituto Cultural Ítalo-Brasileiro, 1995.

NOSELLA, P. Compromisso político e competência técnica: 20 anos depois. *Educação e Sociedade*. Campinas, v. 26, n. 90, pp. 223-238, abril de 2005. Disponível em: <http://www.scielo.br/scielo.php?script=sci_arttext&pid=S0101-73302005000100010&lng=en&nrm=iso>. Acesso em: 15 mar. 2020.

PEREIRA, R. *O desenvolvimento profissional de um grupo de coordenadoras pedagógicas iniciantes: movimentos e indícios de aprendizagem coletiva, a partir de uma pesquisa-formação*. 251 fls. Tese (Doutorado em Educação: Psicologia da Educação) — Pontifícia Universidade Católica de São Paulo, São Paulo, 2017.

PLACCO, V. M. N. S.; ALMEIDA, L. R. de (orgs.). *O coordenador pedagógico e questões emergentes na escola*. São Paulo: Loyola, 2019.

_____. *O coordenador pedagógico e o cotidiano da escola*. São Paulo: Loyola, 2003.

_____. *O coordenador pedagógico e os desafios da educação*. São Paulo: Loyola, 2008.

_____. *O coordenador pedagógico: provocações e possiblidades de atuação*. São Paulo: Loyola, 2012.

_____. *O coordenador pedagógico no espaço escolar: articulador, formador, transformador*. São Paulo: Loyola, 2015.

_____. *O coordenador pedagógico e a legitimidade de sua atuação*. São Paulo: Loyola, 2017.

Edições Loyola

editoração impressão acabamento

rua 1822 n° 341
04216-000 são paulo sp
T 55 11 3385 8500/8501 • 2063 4275
www.loyola.com.br